Sylvia Schneider

Das STARK mach Buch

Wie Kinder selbstbewusst und selbstsicher werden

CHRISTOPHORUS

Inhalt

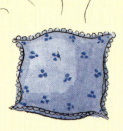

Zur Einführung 4

1 Stark werden wie ein Bär 6

Ich bin ich, ich bin gut! 6
Das kann ich schon allein 8
Schaut her, wie mutig ich bin 10
Anders oder artig 12

2 Mit guten und unangenehmen Gefühlen umgehen 14

Seht her, wie ich mich fühle! 14
Gutwettergefühle – Schlechtwettergefühle 16
Wenn kleine Seelen Trauer tragen 18
Antennen für Signale ausfahren 20

3 Streiten und verlieren können 22

Kleine Rabauken in Not 22
Streiten will gelernt sein 24
Mein und Dein 26
Verlieren tut weh 28

4 Grenzen erspüren, Unterschiede akzeptieren 30

Mit Worten hauen – mit Fäusten reden 30
Oft fehlt Kindern der männliche Einfluss 32
Wilde Mädchen – brave Jungen 34
Schöner matschen – doller toben 36

5 Sich auf sich selbst verlassen 38

Nicht jeder ist ein Freund 38
Lass das, ich hass das 40
Ich hör auf meinen Bauch 42
Mein Nein gehört mir 44

7 Zuwendung und Liebe – für Geld nicht zu haben 54

Alles macht auf „dicke Tasche" 54
Fernsehen ersetzt die Beschäftigung mit den Kindern 56
Verloren im Netz und ohne doppelten Boden 58
Vom Werben und Wünschen 60

6 Sinnenfreude erleben und leben lernen 46

Im Paradies der Sinne 46
Meine Suppe ess ich nicht – oder gleich zweimal 48
Sucht kommt auch von Sehnsucht 50
Auch Kinder leiden unter Stress 52

8 Miteinander leben, Freundschaften gewinnen 62

Sich in andere hineinversetzen 62
Kinder brauchen Freunde 64
Ich bin ja sooo allein 66
Das Herbst-Kätzchen, das nur „miau" sagen konnte 68

9 Wie Eltern stark werden 70

Zur Einführung

Was Kinder wirklich brauchen

Kinder haben heute alles, was sie brauchen, und noch viel mehr – das hören wir immer wieder. Andererseits wird beklagt, dass sie in einem sozial kühlen Klima aufwachsen, emotional verarmen und nichts mehr haben, woran sie Halt finden. Beides ist richtig. Rein materiell gesehen geht es den meisten Kindern besser denn je – sie haben es aber trotzdem nicht leichter als die Kindergenerationen vor ihnen. Kindern mangelt es oftmals an Erziehung, an Strukturen, an Ritualen, an emotionaler Zuwendung, die ihnen die nötige Sicherheit geben kann, um den gestiegenen Anforderungen in dieser reizüberfluteten Gesellschaft einigermaßen gewachsen zu sein. Viele Kinder werden zudem von klein auf von Verpflichtungen fern gehalten, die ihnen später in ihrem Reifungsprozess fehlen. Das kann – wie wir alle wissen – eine Reihe von schwer wiegenden Folgen nach sich ziehen.

Die Welt, in der Kinder heute aufwachsen, hat sich im Vergleich zu vorigen Generationen radikal verändert. Und sie befindet sich auch weiter ständig in einem rasanten Wandel. Es ist eigentlich schier unvorstellbar, was „die Gesellschaft" – also wir Erwachsene – Kindern heute zumuten: Mord und Totschlag am laufenden Band im Fernsehen, Gewalt, Prügeleien und Gehässigkeiten schon im Kindergarten, Missbrauch und sexuelle Übergriffe, Sucht, wohin man nur schaut – Kaufsucht, Spielsucht, Magersucht, Fernsehsucht, Internetsucht, Labelsucht, Trendwahn, Diäten-, Schlankheits- und Schönheitswahn, um nur einiges zu nennen. All dieses schwappt leider immer mehr auch auf Kinder über. Zwar wächst ein Großteil der Kinder heute immer noch relativ behütet auf. Doch auch sie unterliegen diesen Einflüssen mehr oder weniger und leben unter diesen veränderten Bedingungen.

Mit dieser Entwicklung sind kleine (und große) Kinder schlicht überfordert, denn sie bringen keine Widerstandkräfte dagegen mit auf die Welt. Der ungeschützte Freiraum des Kindseins und die

Unbeschwertheit der ersten Lebensjahre sind im Prinzip verschwunden. Da wir Erwachsenen ja selbst diesen Einflüssen unterliegen, wird uns das meist nur bei Problemfällen bewusst. Die moderne Welt überfällt Kinder wie Ihre Schützlinge jedoch schon im Kindesalter quasi wie ein Wespenschwarm.

In einem solchen Klima brauchen Kinder besonderen Schutz. Sie müssen von uns Erwachsenen früher denn je lernen, wie sie sich selber schützen und für sich selbst Sorge tragen können. Das gelingt am ehesten, wenn wir ihnen helfen, Selbstvertrauen und Selbstwertgefühl zu entwickeln und auszubauen. Sie müssen stark genug werden, um den unendlich vielen Anforderungen zu begegnen und gegebenenfalls zu widerstehen. Das schafft nur, wer ein stabiles Selbstbewusstsein entwickeln kann. Dass ein Kind sich selbst mag und achten lernt, galt früheren Generationen nicht als vorrangiges Erziehungsziel. Denn die Kinder waren in der Regel nur wenigen Anfechtungen ausgesetzt und konnten auf kindgemäße Weise behutsam in die Welt der Erwachsenen hineinwachsen. Diese Zeit und Muße wird Kindern heute kaum noch gewährt.

Viele Studien belegen, dass Kinder im Kindergartenalter die Basis ihres Wissens und ihres geistigen Vermögens anlegen. Je mehr sie durch Musik, Spiele und kleine Aufgaben angeregt werden, ihre Kapazitäten zu nutzen, desto besser kann sich ihr Gehirn „verdrahten" und ihnen helfen, die Welt zu bewältigen. In diesem Buch wollen wir uns mit verschiedenen Problembereichen auseinander setzen. Sie werden dazu jeweils kurz mit den Fakten und Entwicklungen vertraut gemacht, damit Sie auf dem Laufenden sind. Manche Dinge werden möglicherweise auf den ersten Blick wenig mit Ihren Schützlingen zu tun haben. Doch viele Probleme entwickeln sich ja unmerklich und nehmen schon im frühen Kindesalter ihren Anfang. Außerdem sind wir ja alle Teil dieser Gesellschaft und werden oft auch mit Schwierigkeiten von anderen konfrontiert. Im Kindergarten können Sie viel dafür tun, Kindern Sicherheit und Zutrauen zu vermitteln, damit sie lernen, Herausforderungen und schwierige Situationen zu meistern. Spiele, Übungen und spezielle Tipps sollen Sie dabei unterstützen. Denn noch nie waren Selbstvertrauen und Selbstwertgefühl so wertvoll wie heute. Nur starke Kinder, die mit sich selbst auf gutem Fuß stehen, sind dem Leben wirklich gewachsen.

Weshalb Selbstvertrauen so wichtig ist für Kinder

- weil sie es im Leben leichter haben
- weil sie auf sich selbst aufbauen können
- weil sie sich nicht immer mit anderen vergleichen müssen
- weil sie widerstandsfähiger sind
- weil sie ihrer Intuition trauen
- weil sie ihre Stärken und Schwächen kennen
- weil sie echte Freundschaften schließen können
- weil sie Gefahren für sich erkennen lernen
- weil sie eine eigene Meinung entwickeln
- weil sie neugierig sind und sich was trauen

1 Stark werden wie ein Bär

Ich bin ich, ich bin gut!

DAS SOLLTEN SIE WISSEN

Was Kinder in der Lebensphase des Kindergartens leisten, ist enorm. Wie sie sich jetzt die Welt aneignen, Schlüsse ziehen, Zusammenhänge erkennen, fasziniert uns Erwachsene immer wieder. Kinder in diesem Alter wollen die Welt verstehen und suchen deshalb nach Prinzipien, nach Wiederkehrendem und Beständigem. Dabei sind sie sehr konservativ und halten an dem fest, was sie kennen. Denn alles andere, alles Neue ist für sie eine immense Anstrengung, der sie sich erst vorsichtig nähern müssen. Was von dem abweicht, was ihnen bislang vertraut ist, erfordert jedes Mal einen Umbau ihres bisherigen Weltbildes. Das darf nur in ganz behutsamen Schritten vorangehen.

Jetzt beginnen sie allerdings auch, die Welt nicht nur über die Hände, sondern ebenfalls über die Augen und Ohren wahrzunehmen. Nur wenn sie versuchen, so viele Sinne wie möglich zu nutzen, können die Kinder ein komplexes Netz im Gehirn entwickeln. Nun wollen sie wissen, warum Dinge so sind, wie sie sind, und Stück für Stück die Hintergründe erforschen. Jetzt erfahren sie auch, dass jeder Mensch anders ist und andere Wünsche hat. Das Spiel wandelt sich allmählich von der reinen Nachahmung zur bewussteren Handlung.

Mehr und mehr stellen sie fest, dass sie Dinge selbst in Bewegung bringen und deren Verlauf beeinflussen können. Diese Erfahrung ist unentbehrlich für Kinder, weil sie darauf vertrauen lernen, dass sie ihr

Leben aktiv gestalten können. Denn nur wer erfährt, dass das Leben kein unabänderliches Schicksal ist, sondern etwas, worauf man selbst Einfluss hat, bekommt Vertrauen zu sich selbst und seinen Fähigkeiten.

Erfinden Sie Kindergarten-Rituale

Kinder sind – wie gesagt – konservativ. Deshalb lieben sie Rituale wie kaum etwas anderes, denn Gewohnheiten geben unserem Leben eine verlässliche Struktur. In ihnen finden Kinder Sicherheit und Geborgenheit, sie helfen Ängste zu reduzieren, stärken die Bindungen zu anderen Menschen, schaffen Freiräume für Muße und Kreativität, führen auf sanfte Weise an Pflichten heran und regen Kinder an, mit den Anforderungen des Lebens besser fertig zu werden. Rituale bedeuten Sicherheit in einer Welt, die selbst uns Erwachsenen immer öfter fremd und bedrohlich erscheint. Da es in vielen Elternhäusern heute keine solch beharrlich wiederkehrenden Abläufe mehr gibt (etwa weil beide Eltern unregelmäßige Arbeitszeiten haben), ist es umso wichtiger, dass sie im Kindergarten vorhanden sind. Wenn es bei Ihnen an Ritualen und Gewohnheiten hapert, sollten Sie beherzt welche „hinzuerfinden": etwa den gemeinsamen Becher Kakao oder das gemeinsame Lied zu Beginn des Tages, vielleicht auch ein Gebet, bestimmte Aufräum-, Putz- und Reinigungsregeln, Geburtstagsbräuche, festgelegte Spielabläufe, spezielle Ruhezeiten oder Feste.

Tipp:

Mein „JEDEN-TAG-WERD-ICH-STÄRKER"-Buch

Zunächst möchte ich Ihnen vorschlagen, mit „Ihren" Kindern als Erstes eine Art Tagebuch anzulegen. Hier wird alles Wesentliche, was das jeweilige Kind betrifft, und natürlich vor allem seine kleinen Erfolge und Fortschritte in irgendeiner Form festgehalten. Das macht sie stolz und stärkt ihr Selbstvertrauen.

Das Buch sollte schön aussehen, nicht empfindlich und nicht zu dünn sein, damit sich genügend hineinmalen, -kleben und später vielleicht auch schreiben lässt. Bewährt hat es sich auch, einen Kalender mit hineinzukleben, damit sich die Entwicklung des Kindes im zeitlichen Verlauf verfolgen lässt. Dieses Buch wird Stück für Stück gefüllt und soll am Ende ein unverwechselbares Dokument des einzelnen Kindes sein.

Natürlich werden zunächst mit Ihrer Hilfe oder der der Eltern die persönlichen Daten des Kindes eingetragen: Name, Geburtstag und Adresse. Dann sollte das Kind sich selbst zeichnen: Welche Augenfarbe hat es, welche Haarfarbe, wie sieht es aus, ist es groß, klein, schmal oder rundlich? Gibt es noch irgendwelche besonderen Kennzeichen?

Als Nächstes kann das Kind einen Baum malen, aus dem mit der Zeit sein Stammbaum wird. Im Mittelpunkt steht es selbst, dann verzweigt sich der Baum hin zu den Eltern und Geschwistern, Omas, Opas, Onkel und Tanten mit ihren charakteristischen Merkmalen. Diese Einordnung in die Familie ist deshalb so wichtig, weil sie den Kindern Wurzeln gibt. Wenn ein Kind weiß, wo es herkommt, weiß es auch, wo es hingehört. Es fällt ihm dann wesentlich leichter, sich mit sich selbst zu identifizieren und seine Eigenheiten, von denen sich möglicherweise etliche in der Familie wiederfinden, als etwas Tolles zu anzusehen. Die Familie ist in dieser Zeit, in der sich viele Strukturen auflösen, die wichtigste Kraftquelle für Kinder (und Erwachsene).

Das kann ich schon allein

Im Kindergartenalter können die Kleinen schon eine ganze Menge und jeden Tag wird es mehr. Sie lernen sich selbst anzuziehen, mit ihrem Spielzeug umzugehen und vielleicht auf einem kleinen Kinderrad zu fahren. Sie reden und fragen eine Menge. Dabei legt jedes Kind sein eigenes Tempo an den Tag. Was immer sie lernen, sie üben es fast unermüdlich, bis es klappt. Und dann sind sie stolz und wollen gelobt werden. Wir Erwachsene sollten uns ehrlich mitfreuen und die Erfolge anerkennen.

Diese Anerkennung braucht das Kind dringend, damit es sich akzeptiert, ernst und wahrgenommen fühlt. Tut es das nicht, ist es verunsichert und legt sich über kurz oder lang „unpassende" Verhaltensweisen zu. Selbstkompetenz nennen es die Psychologen, wenn ein Kind Schritt für Schritt seinen Fähigkeiten vertrauen lernt.

Das Selbstwertgefühl von Kindern können wir aufbauen, indem wir ihre Kompetenz fördern und ihnen helfen, die ihnen gestellten Anforderungen und Aufgaben zu lösen. Damit schaffen wir die Voraussetzungen dafür, dass sie später für sich selbst einstehen und selbstbewusst ihren Weg gehen.

Die eher schüchternen Kinder benötigen etwas mehr Unterstützung, um den Mut und das Selbstvertrauen zu gewinnen, für sich einzustehen. Kinder mit ausgeprägtem Selbstbehauptungswillen brauchen eher Situationen, in denen sie sich erfahren.

Alle Engel können fliegen

Fliegspiele bringen Kindern Selbstvertrauen und machen Spaß. Wer sich in seinem Körper wohl fühlt, tritt selbstbewusster auf, „trägt" sich selbst einfach anders und kann bedrohlichen Situationen gelassener entgegentreten. Ein gutes Körpergefühl gibt innere Stabilität und Sicherheit. Helfen Sie Ihren Schützlingen, ihren Körper zu entdecken und die Sinne zu schulen.

Zum Beispiel so: Zwei Erwachsene übernehmen die Rolle des Flugmotors, des Krans oder des Karussells. Sie nehmen ein Kind an Händen und Füßen und lassen es kreisen, schwingen oder Karussell fahren. Sie können es auch an den Füßen packen und kopfüber hin und her schaukeln.

Zunächst haben Kinder Angst vor Höhe und Geschwindigkeit. Erst wenn Vertrauenspersonen sie ermuntern, immer wieder kleine Hürden zu nehmen, überwinden sie die angeborene Furcht und entwickeln Vertrauen zu sich selbst und zu anderen. Mit jedem Zentimeter Höhe gewinnen sie Mut hinzu, sich weitere Herausforderungen zuzutrauen. Das legt den Grundstein für ein stabiles Selbstvertrauen.

Die Kindergartenkonferenz

Damit Kinder Selbstbewusstsein entwickeln können, brauchen sie Ihren Respekt und Ihre Achtung. Natürlich sollen die Kinder dabei nicht als kleine Erwachsene überfordert werden, doch müssen sie altersgemäß ernst genommen werden.
Eine gute Möglichkeit den Austausch zu üben, ist eine mehr oder weniger regelmäßige kleine Kindergartenkonferenz, auf der Sie sich über alle anstehenden „Probleme" austauschen. Dabei können auch Streitigkeiten unter den Kindern ausgeräumt werden.

- Geben Sie den Kindern Gelegenheit, sich selbst zu erklären.
- Hören Sie ihnen gut zu und versuchen Sie nachzuvollziehen, was Ihnen erzählt wird.
- Versuchen Sie nicht, ein Kind „vorzuführen", weil es sich irgendwie missliebig benommen hat.
- Wenn es um Streitigkeiten unter den Kindern geht, versuchen Sie nachzuvollziehen, was passiert ist.
- Teilen Sie Ihren Schützlingen auch Ihre Gefühle mit, damit sie Ihre Reaktion kennen und verstehen lernen.
- Senden Sie Ich-Botschaften aus, gerade wenn Sie Kritik üben wollen.
- Respektieren Sie die Wünsche und Anregungen der Kinder.
- Äußern Sie auch Ihre eigenen Wünsche an die Kinder.
- Vergewissern Sie sich, dass die Kinder auch bereit sind, Ihre Wünsche und Anregungen ins Kalkül zu ziehen.

Das magische Feenband

Dieses Spiel können Sie mit Ihrer Kindergruppe draußen auf dem Spielplatz oder bei einem Waldspaziergang spielen. Sie brauchen ein schönes, buntes Feenband – zum Beispiel goldenes Geschenkband. Sie müssen dazu mehrere Rollen aneinander knoten, denn das Feenband muss etwa 50 bis 100 Meter lang sein. Nun wickeln Sie es um Bäume, Sträucher und Pfähle bis zu einem Endziel. Nacheinander bekommen die Kinder die Augen verbunden und tasten sich am magischen Feenband zum Ziel. Dabei wird ihnen ein anderes Kind als Fee zur Seite gegeben, damit sie wohlbehütet und sicher ins Ziel gelangen, ohne zu stolpern oder sich zu verhaspeln. Es gibt immer Schutzengel und gute Kräfte, die uns beschützen. Am Ziel bekommen Fee und Schützling vielleicht ein Feenbonbon, einen Feenapfel oder eine Feenkastanie, damit die Schutzkraft noch länger anhält.
Sie können das Feenband auch auf dem Boden auslegen und die Kinder darauf balancieren lassen. Wer vom rechten Feenpfad abkommt, muss noch einmal an den Anfang zurück.

Schaut her, wie mutig ich bin

Damit Kinder sich in ihrem Umfeld sicher und selbstbewusst bewegen können, müssen sie Erfahrungen mit vielerlei Situationen machen und immer wieder Neues hinzulernen. Mit drei, vier Jahren werden sie ja allmählich sich ihrer selbst bewusst und entdecken ihren eigenen Willen. Ein Kind sagt jetzt „Ich" und meint auch wirklich sich selbst. Begriffe wie „Mein", „Dein", „Ich" und „Du" gewinnen im Kindergartenalter an Bedeutung und müssen auch erprobt werden. Ein Kind spürt jetzt allmählich, dass es eine eigene Persönlichkeit ist, mit eigenen Wünschen und Vorstellungen. Es merkt, dass es auch allein Dinge tun kann, die andere nicht wollen und dass es mit seinem „Nein" eine ganz schöne Macht ausüben kann.

Diese Fähigkeit muss es üben. Es muss immer wieder ausprobieren, was passiert, wenn es sagt „ich will" oder „ich will nicht", „ja" oder „nein". In diesem Alter ändern sich die Wünsche jedoch oft noch schnell. Deswegen kommt es vor, dass ein Kind versucht, erst die eine Sache zu ertrotzen, in der nächsten Sekunde kann es das genaue Gegenteil erstreiten wollen. Sich bewusst für etwas zu entscheiden und dann dabei zu bleiben – wie lange haben wir Erwachsene gebraucht, um das zu lernen? Ein Kind in diesem Alter kann das noch nicht, und es weiß auch noch nicht, dass etliche Wünsche einander ausschließen. Man kann einen Kuchen nicht aufessen und ihn trotzdem behalten, lautet ein altes Sprichwort.

Die Konsequenzen ihrer Wünsche können Kinder natürlich auch noch nicht abschätzen. Denn auch ihr Vorstellungsvermögen entwickelt sich ja erst. Deswegen müssen sie jetzt auch bestimmte neue Grenzen und Regeln kennen lernen. Das geht am besten im Spiel. Wenn sich Kinder beim Spielen auf bestimmte Regeln einigen, halten sie sie meist auch ein – zumindest für eine kürzere Zeit. Wenn die Regeln einfach genug sind, wie etwa „einer kommt nach dem anderen dran" oder „jetzt tun alle das Gleiche" oder „ihr wartet, bis Lena sagt, was ihr tun sollt", dann verstehen sie dies und haben sogar Freude dann, durch „richtiges" Verhalten das Spiel in Gang zu halten. Wenn dann auch im Notfall schon kleine Kompromisse ausgehandelt werden, gewinnen sie zunehmend an Selbstbewusstsein und Mut, Neues auszuprobieren.

Mein lieber Blindenhund

Ein Kind bekommt die Augen verbunden, ist nun blind und kann nicht sehen. Aber glücklicherweise hat es ja Bruno, seinen Blindenhund. Bruno führt das Kind, es muss sich ganz auf den Hund verlas-

sen. Bruno lenkt „sein" blindes Kind durch einen Hindernisparcours, indem er es am Arm hält. Das blinde Kind lernt, einem anderen „blind" zu vertrauen, indem es auf sein Gespür hört. Nach einer Weile wechseln sich Kind und Hund ab. Bei den etwas größeren Kindern kann der Blindenhund durch einen Blindenführer ersetzt werden, der hinter dem blinden Kind geht und es rechts oder links an die Schultern tippt, vorsichtig an den Haaren zieht oder ähnliche Signale gibt, um zu zeigen, in welche Richtung es denn gehen soll. Die Kinder können sich vorher gemeinsam auf gewisse Verständigungsregeln einigen.

soll in seinem Buch aufmalen, was es im Spiegel sieht. Was entdeckt das Kind in seinem Gesicht? Auf die gegenüberliegende Seite in dem Buch können Sie etwas Alu- oder Spiegelfolie kleben, damit das Kind sich spiegeln kann. Wie ähnlich sehen sich die zwei? Außerdem können sie sich dort auch einen Kussmund oder ganz viele Kussmäulchen hinsetzen, weil sie sich selbst ganz toll finden. Und natürlich gehört auch ihr Fingerabdruck mit hinein, denn er ist ja ebenfalls etwas gänzlich Unverwechselbares. Was findet das Kind noch besonders an sich?

Tipp:
Mein „JEDEN-TAG-WERD-ICH-STÄRKER"-Buch

Es ist an der Zeit, dass Ihre Schützlinge jetzt etwas über ihre Eigenschaften in ihr Buch hineinmalen. Wie sehen sie sich selbst? Was sind ihre hervorstechenden Eigenschaften?
Es bietet Ihnen viel Aufschluss, wenn Kinder sich selbst malen oder aus Papierschnipseln zusammenkleben. Welche Körperpartien heben sie hervor? Warum sehen sie das so? Wie beschreiben sie ihre wichtigsten Eigenschaften? Wie verleihen sie ihnen Ausdruck? Was glauben sie, was sie schon alles gut können? Wer sind ihre besten Freunde? Wem vertrauen sie besonders? All dies können sie in ihr Buch malen. Den besonders wichtigen Personen in ihrem Leben können sie auch Extraseiten in ihrem Buch widmen. Das kann natürlich auch ihr Meerschweinchen, ihr Teddy, ihre Puppe oder Bello, der Familienhund, sein.

Die „Ich-hab-mich-lieb"-Seite
Jedes Kind bringt von zu Hause einen Kosmetikspiegel mit, den braucht es zum Malen. Der Spiegel wird nun vor dem Kind aufgestellt und es

Warum, wieso, weshalb

Erlebt ein Kind Nachsicht,
lernt es Geduld.
Erlebt ein Kind Ermutigung,
lernt es Zuversicht.
Erlebt ein Kind Lob,
lernt es Empfänglichkeit.
Erlebt ein Kind Bejahung,
lernt es lieben.
Erlebt ein Kind Anerkennung,
lernt es, dass es gut ist,
ein Ziel zu haben.
Erlebt ein Kind Ehrlichkeit,
lernt es, was Wahrheit ist.
Erlebt ein Kind Fairness,
erlernt es Gerechtigkeit.
Erlebt ein Kind Sicherheit,
lernt es Vertrauen in sich selbst
und in jene, die mit ihm sind.
Erlebt ein Kind Freundlichkeit,
lernt es die Welt als Platz kennen,
in dem gut wohnen ist.
(Wehrfritz, Wissenschaftl. Dienst, September 87)

Anders oder artig

Jeder Mensch hat seine eigene Art, an das Leben heranzugehen. Jedes Kind ist anders, hat sein eigenes Temperament, seine eigenen Fähigkeiten und Talente und entwickelt seinen ganz individuellen Charakter. Jedes Kind will in seiner Art ernst genommen und geliebt werden. Das braucht es, um sich auch selbst in seiner Individualität anzunehmen.

Natürlich gibt es aber auch Kinder, die es einem schwerer machen, weil sie bereits verhaltensauffällig sind, wenn sie unter Ihre Fittiche kommen. Während sich das eine Kind vielleicht lautstark und aggressiv anderen gegenüber durchsetzen will, wird ein anderes vielleicht immer stiller. Einmal antrainiert, werden diese Verhaltensweisen eine Einbahnstraße, unter der Kinder bewusst oder unbewusst leiden. Sie fühlen sich damit insgeheim wie in einem Gefängnis, aus dem wir sie befreien müssen.
Es liegt auf der Hand, dass Sie höchstwahrscheinlich nicht alle Kinder gleich gerne mögen und manch eines auch gelegentlich in Ihnen aggressive Gefühle auslöst. Sehen Sie sich das nach, das ist nur natürlich. Doch wir sollten nie vergessen: Jedem auffälligen Verhalten liegt ein Unwohlsein zugrunde. Herauszufinden, warum ein Kind sich unwohl fühlt, ist jedoch nicht immer ganz einfach. Denn so können ja beispielsweise Aggression und Wut ein Ersatz für Angst und Trauer sein.

Alle sind einzig

Jedes Kind entwickelt sich auf seine ganz eigene Weise. Auch das Umfeld, in dem es aufwächst, die Lebensbedingungen und die Charaktere seiner Eltern machen es buchstäblich einzigartig. Sind die Lebensumstände eines Kindes eher ungünstig, braucht es Ihre Unterstützung in einem ganz besonderen Maß, um dennoch Vertrauen und Selbstvertrauen entwickeln zu können.

Die meisten Kinder sind stolz, wenn sie so viel wie möglich mit ihren Eltern gemeinsam haben – auch wenn Sie persönlich manche Erzeuger eher unangenehm oder als Eltern „ungeeignet" finden. „Ganz der Papa" oder „ganz die Mama" zu sein, das finden alle Kinder unglaublich schön. Denn das gibt ihnen Sicherheit und Wärme wie kaum etwas anderes. Allerdings haben Kinder aber logischerweise auch ganz viel von ihren Großeltern und Urgroßeltern mit auf den Weg bekommen. Kinder sind ja eine Mischung aus zwei Familien und vielen, vielen Generationen. Die Identifikation mit der Familie hilft Kindern, sich im Leben zurechtzufinden und auch bei bestimmten positiven wie negativen Eigenschaften die Verbindung zu den eigenen Wurzeln zu entdecken. Eltern und alle Bezugspersonen sollten dem Kind vermitteln: „So wie du bist, bist du einzigartig (wenn auch nicht immer artig), du bist ein eigenes Wesen, doch einer von uns. Du bist willkommen mit deinen Eigenheiten und unseren Gemeinsamkeiten und genauso haben wir dich lieb/dich gern."

Rallye Monte Carlo

Die Kinder bauen sich aus allen möglichen Dingen aus dem Kindergarten einen Hindernislauf auf – am schönsten ist es draußen. Die Hindernisse können ganz verschiedenartig sein, der Fantasie der Kinder sind keine Grenzen gesetzt.

Dann kommt noch Folgendes hinzu:

- eine bestimmte Aufgabe, die Vorsicht erfordert – etwa ein hart gekochtes Ei oder eine Kartoffel – auf einem Löffel zum Ziel tragen und dabei diverse Hindernisse überschreiten und umschiffen müssen
- eine Aufgabe, für die Kinder Kraft brauchen – etwa etwas Schweres tragen oder hinter sich herziehen
- eine Aufgabe, die Geschicklichkeit erfordert – etwa etwas zusammensetzen oder aufbauen müssen.

Jedes Kind muss den Parcours durchqueren und dabei die Aufgaben erfüllen. Bei diesem Spiel werden die einzelnen Fähigkeiten der Kinder angesprochen. Um sie nicht zu entmutigen, sollte es keinen Gewinner und keinen Verlierer geben.

Quietschverbrüllt

Sie brauchen mehrere Bilder von Tieren, die deutliche „Stimmunterschiede" vorweisen: zum Beispiel Maus, Löwe, Meerschweinchen, Elefant, Katze, Hund, Schwein, Kuh, Pferd, Schaf, Schlange, Esel. Jetzt dürfen die Kinder sich ein Tier aussuchen und es mit seinen äußeren und inneren Eigenschaften beschreiben. Da Kinder in diesem Alter Tiere noch sehr vermenschlichen, werden sie mit ihrer Auswahl und Beschreibung auch eine Menge über sich selbst aussagen. Die Kinder lernen, dass sich jedes Tier von anderen Tieren völlig unterscheidet und wie jeder Mensch natürlich auch ganz eigene Charakterzüge und Verhaltensweisen hat. Sie werden dazu angeregt, solche auch bei sich selbst zu entdecken. Nach der Beschreibung sollte jedes Kind „sein" Tier spielen und seine Laute imitieren. Als Elefant trompetet es, dass den anderen die Ohren nur so quietschen. Als Maus piepst und wispert es leise, als Esel ist es ganz störrisch.

Sie können nun noch eine weitere Variante des Spiels hinzufügen: Sie machen aus den Tierbildern Spielkarten und legen sie auf einen Stapel. Das erste Kind darf nun eine Karte ziehen und versucht, das abgebildete Tier darzustellen. Dazu sagt es kurz, was besonders ist an diesem Tier, ohne seinen Namen zu nennen. Die anderen sollen erraten, um was für ein Tier es sich handelt. Das Kind, das das Tier errät, darf die nächste Karte ziehen.

2 Mit guten und unangenehmen Gefühlen umgehen

Seht her, wie ich mich fühle!

DAS SOLLTEN SIE WISSEN

Jeder Mensch kommt mit einer Grundausstattung an Gefühlsmöglichkeiten auf die Welt. Das sind Liebe, Freude, Trauer, Wut und Angst. Natürlich haben auch Kinder diese Gefühle und müssen lernen, ihnen Ausdruck zu geben, und müssen erfahren, dass sie das auch dürfen. Erwachsene sind oft erschreckt über die manchmal heftigen Gefühle von Kindern und wissen nicht, wie sie damit umgehen sollen. Wenn Kinder ihre Gefühle ausleben dürfen und sie nicht verbergen müssen, stärkt das ihr Selbstbewusstsein. Sie werden sich besser konzentrieren können, leistungsfähiger und belastbarer sein. Sie halten Stress besser aus und sind seltener krank. Wenn Kinder von ihren Eltern lernen, Gefühle zu unterdrücken, sind sie am Ende vielleicht disziplinierter und angepasster, doch ihre Gefühle sind natürlich trotzdem noch da. Sie verschwinden ja nicht einfach im Nirwana, sie setzen sich in Körper und Seele fest und können großen Schaden anrichten.

Kuscheln macht stark

Was Gefühle sind und wo sie „sitzen", versucht die biochemische Forschung zu entschlüsseln. Rein wissenschaftlich gesehen sind sie nämlich Kaskaden von biochemischen Reaktionen. Botenstoffe wie zum Beispiel Hormone hüpfen quasi über die Nervenbahnen durch den ganzen Körper. Sie können für gute und für schlechte Stimmung verantwortlich sein. Manche überschwemmen uns mit Liebesgefühlen. Dazu gehört vor allem das Oxytocin – auch bekannt als Zärtlichkeitshormon. Es leitet die Geburtswehen ein, sorgt für den Milcheinschuss, erhöht die Durchblutung des Brustgewebes, vermittelt beim Stillen zärtliche Gefühle, stimmt warm und geborgen. Es ist gewissermaßen eine der ersten Gefühlsbrücken zwischen Mutter und Kind. Das „Kuschelhormon" wird auch bei Liebkosungen und beim Schmusen gebildet. Je mehr Oxytocin durch einen Körper rauscht, desto stärker wird er von Liebes- und Zärtlichkeitsgefühlen durchflutet. Wer viel kuschelt, wird also stark und gefühlvoll. Ängstliche Menschen weisen kleinere Mengen des

Hormons auf. Deswegen brauchen Kinder ganz besonders viele „Kuscheleinheiten".

Wärme spüren durch Massage

Kindern, die zu Hause nicht genügend mit Zärtlichkeiten und Schmusen versorgt werden, kann mit Massage ein kleiner Ausgleich angeboten werden. Der Kontakt über die Haut tut allen Kindern gut und lässt die Energien von einem Körper zum anderen fließen. Wenn ein Kind sich bei der Massage wohl fühlt, werden ganz sicher auch die Kuschelhormone angeregt. Am besten ist es, wenn Sie die Massage selbst vornehmen. Das ist zwar etwas mühsamer für Sie, jedoch können Sie sich besser auf das einzelne Kind konzentrieren.

- Das Kind liegt auf einer weichen Unterlage. Sie lassen verschiedene Tiere über seinen Körper laufen. Vorher geben Sie an, welches Tier es ist, damit sich das Kind auf die Massage konzentrieren kann und sich nicht vom Raten ablenken lässt. Lassen Sie das einzelne Tier lang genug auf dem Kind herumspazieren. Zwischen zwei Tieren liegt eine kleine Verschnaufpause.

- Sie können das Kind auch mit einem Massageball leicht kneten. Das Kind liegt auf dem Bauch oder sitzt auf dem Boden, den Kopf auf den Knien. Beginnen Sie am Nacken und arbeiten Sie sich in sanften Kreisen weiter vor. Die Wirbelsäule wird ausgespart. Fragen Sie das Kind, wo es am liebsten massiert wird und ob der Druck stark genug ist. Den Druck steuern Sie mit Ihren Handflächen. Nehmen Sie sich besonders viel Zeit für die Fußsohlen, hier enden viele wichtige Nerven.

Das große Rubbeln

Die Kinder können sich aber auch selbst massieren. Sie liegen auf einer Decke oder suchen sich einen Platz, wo sie nicht von anderen gestört werden. Nun fordern Sie sie auf, mit den Händen ihre Kopfhaut zu rubbeln und zu streicheln, bis es anfängt zu kribbeln. Die Handflächen sind dabei leicht geöffnet. Dann geht es über Gesicht, Ohren und Hals zu den Schultern und den Armen. Auch die Hände werden durchgeknetet. Von der Brust bist zum Bauch, von den Beinen bis zu den Füßen wird alles kräftig durchgerubbelt. Wenn Sie merken, dass bei den Kindern die Konzentration nicht so ausgeprägt ist, nehmen Sie sich für jeden Tag nur einen Körperteil vor. Am Ende sollen die Kinder eine Weile die Augen schließen.

> **Tipp:**
> **Mein „JEDEN-TAG-WERD-ICH-STÄRKER"-Buch**
> Nach den Massagen können die Kinder in ihr Buch malen, wo die Massage am schönsten war und was sie dabei gefühlt haben. Sie verwenden am besten verschiedene Farben für die unterschiedlichen Gefühle.

Gutwettergefühle – Schlechtwettergefühle

Niemand fühlt sich jeden Tag gleich. Weder Erwachsene noch Kinder haben immer gute Laune oder immer schlechte Laune. Wir werden stets von den unterschiedlichsten Gefühlen heimgesucht – nicht selten auch von mehreren auf einmal: Liebe, Geborgenheit, Zufriedenheit, Fröhlichkeit, Angst, Trauer, Wut, Eifersucht, Einsamkeit. Auch die negativen Gefühle sich wichtig und wertvoll für die Entwicklung, denn wir sind ja alle von Kopf bis Fuß Gefühlsmenschen. Unangenehme „Schlechtwettergefühle" zu begreifen und zu akzeptieren, ist natürlich wesentlich schwieriger, als sich mit Glücksgefühlen anzufreunden. Erwachsenen gelingt es nicht immer, mit den ab und an heftigen Gefühlsäußerungen von Kindern umzugehen.

Nicht alle Gefühle sind erwünscht und manche machen uns und gerade Kindern Angst. Manche Kinder lernen von ihren Eltern, dass man Gefühle nicht zeigen darf und sie verdrängen muss. Das kann beim Kind dazu führen, dass es sich für „irgendwie falsch" hält. Es spürt seine Gefühle ja und muss nun glauben, dass es sie gar nicht haben darf. Es lernt, dass es seinen Gefühlen nicht trauen darf, nicht trauen kann. Das verunsichert Kinder zutiefst und beraubt sie einer ihrer wichtigsten Selbstschutzmechanismen. Denn wenn sie später einmal in eine Situation geraten, die sie als bedrohlich empfinden, trauen sie sich nicht, ihren unguten Gefühlen zu vertrauen und sich so rasch wie möglich aus der Gefahr zu begeben.

Ermutigen Sie Ihre Kinder, ihre Gefühle zu zeigen – auch wenn sie vielleicht bei den Erwachsenen im Moment nicht erwünscht sind oder nach deren Meinung nicht zu dem jeweiligen Kind passen. Nehmen Sie die Gefühle ernst und werten Sie sie auch als Signale. Denn sie teilen Ihnen auch mit, wenn mit dem Kind etwas nicht in Ordnung ist und wenn es etwas braucht.

Der Wärme-Wigwam

Wenn eines Ihrer Kinder einmal allein sein möchte, traurig oder verletzt ist, darf es in den indianischen Wärme-Wigwam.

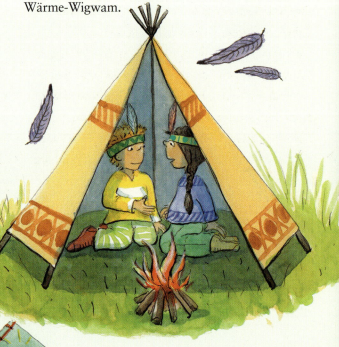

Dazu können Sie eine Höhle in der Form eines Wigwams bauen – im Winter gerne in der Nähe der Heizung, im Sommer in der Sonne. Eine mit warmem Wasser gefüllte Wärmflasche in der Mitte des Wigwams signalisiert ein Feuer, an dem sich das Kind wärmen kann. Hier darf es sich allein aufhalten, allein sein, nachdenken, traurig sein und seine Gefühle pflegen. Es kann sich nach Herzenslust am Lagerfeuer wärmen (wenn es länger dauert, muss das Wasser gegen wärmeres ausgetauscht werden). Es weiß, dass es hier sicher ist und seine Gefühle haben darf. Es kann sich seine Gefühle als Gast einladen und sich mit ihnen unterhalten. Es kann sie beispielsweise fragen, warum sie da sind, welche Pläne sie haben, wie sie sich fühlen und wie lange sie bleiben wollen. Das Kind kann den Gefühlen andersherum auch erzählen, wie es sich selbst fühlt und was es jetzt erreichen möchte. Wenn das Kind seine Schlechtwettergefühle überstanden hat oder wieder die Nähe der anderen Kinder sucht, kann es den Wärme-Wigwam verlassen. Kinder brauchen ihre Rückzugsmöglichkeit von der „Welt" und dabei ein starkes Gefühl der Sicherheit.

Sie können auch zwei oder mehrere Kinder in den Wärme-Wigwam lassen – etwa damit sich eines um ein anderes kümmert oder wenn zwei zerstrittene Kinder alleine ihr Problem lösen können oder vielleicht wenn ein Kind neu ist im Kindergarten und auf diese Weise in Wärme empfangen werden kann.

Ich bin ein starkes Tier

Die Kinder sitzen im Kreis. Einer beginnt und trägt seinem Nachbarn auf, in die Rolle eines bestimmten Tiers zu schlüpfen. Dazu erklärt er ihm noch, in welcher Stimmung sich das jeweilige Tier befinden sollte. Also: Der Löwe ist wütend, der Elefant ist traurig, das Schaf freut sich, das Schwein ist aufgeregt. Die Kinder können dabei auch verschiedene Sätze sagen wie „Ich bin eine Maus und ärgere mich gerade furchtbar" – natürlich mit piepsiger Mausstimme. Wie fühlen sich die Kinder dabei?

Talkshow

Um die Kinder mit ihren eigenen Gefühlen vertraut zu machen, können Sie mit ihnen Talkshow spielen. Sie setzen sich dazu in einen Halbkreis. Sie sind die Talkmeisterin und laden sich einige Gäste ein. Nun befragen Sie sie danach, wie es ihnen geht, wenn sie gute Laune haben und was sie tun, wenn sie sich nicht wohl fühlen. Wobei fühlen sie sich eigentlich nicht wohl? Was tun sie, wenn sie sauer sind? Welches Gesicht machen sie dabei? Wie drücken sie sich aus, wenn sie sich freuen? Sie können das den Zuhörern auch vorspielen, die dann das jeweilige Gefühl erraten müssen.

Trostkissen

Für Schlechtwettergefühle können Kinder ein Trostkissen gut gebrauchen. Dazu wird eine luftige Kissenhülle aus nicht allzu festem Stoff gebraucht. Wird sie vielleicht von der Mutter selbst genäht, könnte sie natürlich noch aus schönem Stoff mit tröstlichen Farben und Motiven sein. In dieses Kissen kommen getrocknete Kräuter oder Blütenblätter beziehungsweise mit Duftöl getränkte Wattebällchen. Für ein Trostkissen eignen sich besonders Lavendel und Kamille, aber auch Sandelholz und Rosenduft.

Wenn kleine Seelen Trauer tragen

Immer mehr Kinder erkranken an der Seele, weil sie überfordert sind – sei es, weil ihre Eltern sich trennen, weil sie sich einsam fühlen oder weil sie chronisch überreizt sind. Ihre Not wird oft nicht erkannt. Manche werden plötzlich apathisch oder aggressiv, andere sprechen plötzlich wieder wie Babys, wieder andere weinen viel, zeigen sich überängstlich oder ziehen sich in sich zurück und wollen mit Gleichaltrigen und Bezugspersonen immer weniger zu tun haben. Nach Schätzung der Gesellschaft für Kinder- und Jugendpsychiatrie ist jedes zehnte Kind von einer psychischen Erkrankung betroffen. Tendenz steigend. Schon die kleinste Veränderung kann sie in große Nöte versetzen. Sie befürchten, dass nichts mehr so ist, wie das, was sie kennen und was ihnen Halt gibt. Jetzt brauchen sie besonders viel Rückhalt und Hilfe dabei, ihren Kummer zu überwinden. Es stärkt ihr Selbstbewusstsein, wenn sie erfahren und spüren, dass sie auch Krisen meistern können.

Sie sollten „Ihren" Kindern vermitteln, dass Sie stets ein offenes Ohr für alle Sorgen und Kümmernisse haben, dass Sie sie ernst nehmen und nicht auslachen, dass Sie aber auch nicht bohren und das unglückliche Kind unnötig unter Druck setzen. Manchmal müssen Sie geduldig den richtigen Zeitpunkt abwarten. Wie Sie wissen, sind Kinder sehr spontan, da kommt die Not an einer völlig anderen „Ecke" zur Sprache. Am besten erspielen Sie sich die Gefühle, denn im Spiel geben Kinder sehr viele Gefühle preis.

Auf eine innere Reise gehen

Durch Traumreisen ins Unterbewusste können Kinder verloren gegangene Teile ihrer Seele wiederfinden. Das hilft ihnen besonders, wenn sie sich nicht wohl fühlen in ihrer Haut. Sie können solche Traumreisen mit einer Gruppe von Kindern machen, durchaus aber auch einmal mit einem einzelnen Sorgenkind – sofern es Ihre Zeit zulässt. Auf seiner Traumreise kann das Kind Dinge wieder an die Oberfläche holen, die ihm scheinbar abhanden gekommen sind. Mut, Ruhe und Sicherheit kann es beispielsweise als Geschenke von der Reise mitbringen. Daraus schöpft es normalerweise eine Menge Kraft.

Sorgen Sie für Ruhe und dafür, dass die Kinder sich bequem auf eine weiche Unterlage hinlegen. Dunkeln Sie den Raum ab. Der Raum muss angenehm warm sein. Sprechen Sie nun langsam und beruhigend ihren Traumreisen-Text. Achten Sie auf die Pausen und hören Sie nicht auf, wenn die Kinder einschlafen. Denn das Unterbewusstsein ist ja auch dann aktiv.

Die Reise in den Elfenwald

Du schließt die Augen und wirst ganz ruhig, deine Arme und Beine sind schön warm und wollen gar nichts tun. Deine Zehen, deine Finger, deine Hacken, deine Handgelenke, alle sind sie ganz, ganz müde. Du atmest ganz tief ein und versuchst dir vorzustellen, wie dein Atem durch deinen Körper fließt. Er fließt und fließt. Stell dir vor, dass er bis in deine

Füße fließt. Die werden ganz warm. Nun schaust du noch etwas genauer hin, du stehst auf einer wunderschönen Blumenwiese, auf der lauter Glockenblumen in deiner Lieblingsfarbe blühen. Sie sind wunderschön anzuschauen und klingeln leise vor sich hin. Die Sonne scheint und es fliegen viele Schmetterlinge umher und besuchen die Blumen. Du gehst auf der Glockenblumenwiese spazieren, bis du zur Glockenblumenelfe kommst. Siehst du sie? Du wirst sie selbst entdecken. Zum Beispiel an ihrem Duft, sie riecht nämlich ganz besonders gut. Die Glockenblumenelfe möchte dir etwas schenken, was du dir besonders wünschst. Nichts, was man mit Geld kaufen kann. Vielleicht wünschst du dir Mut oder Stärke, vielleicht Wärme und jemanden, der ganz eng zu dir gehört. Frag sie, was sie dir schenken möchte. Die Glockenblumenelfe weiß nämlich, was für dich gut ist. Du kannst ihr ruhig vertrauen. Sie will dir auch eine kleine Blume von der Wiese mitgeben, such dir ruhig eine aus. Außer dir kann niemand sie sehen, deswegen kannst du sie von nun an überall mit hin nehmen. Dann läufst du weiter barfuß über die warme Wiese. Verabschiede dich nun von ihr. Winke der Glockenblumenelfe noch einmal zu. Wenn ihr wollt, werdet ihr euch bald wiedersehen. Dein Atem kehrt nun in deine Füße zurück und krabbelt langsam wieder in deinem Körper hoch. Du spürst, wie du atmest. Nun atmest du einmal tief durch. Beweg deine Arme und deine Beine, wackel ein wenig mit den Zehen und den Fingern. Öffne nun langsam die Augen und setz dich hin.

War die Reise schön und angenehm? Lassen Sie sich von den Kindern erzählen, was sie erlebt haben, wenn sie es freiwillig tun. Die Gefühle und Bilder, die sie während der Traumreise hatten, gehören nämlich ihnen und wenn sie sie nicht teilen wollen, ist das völlig in Ordnung. Vielleicht wollen sie die Bilder aber auch in ihr Buch malen.

Antennen für Signale ausfahren

Kinder müssen den Umgang mit den eigenen Gefühlen kennen lernen, damit sie Situationen richtig einschätzen können und „auf ihren Bauch" vertrauen lernen. Den eigenen Gefühlen Glauben zu schenken, heißt auch, Zutrauen zu sich selbst, also Mut und Selbstbewusstsein zu haben. Das ist einer der wichtigsten Bausteine in der beschützenden Erziehung.

Kinder, die es gewöhnt sind, dass man ihre Gefühle nicht beachtet, dass die Erwachsenen immer besser wissen, was gut für sie ist, haben wenig Rüstzeug, sich unangenehmen Situationen zu entziehen. Deshalb sollten Kinder darin bestärkt werden, selbst bestimmen zu dürfen, wie sie sich in ihrer Haut fühlen. Sie müssen darauf vertrauen lernen, dass sie bei großen und kleinen Kümmernissen einen Menschen haben, der für sie da ist und dem sie ihre schlechten Gefühle, ihre Angst mitteilen können.

Kinder haben häufig Angst, weil sie den Erwachsenen noch auf Gedeih und Verderb ausgeliefert sind. Ihre größte Furcht ist es meist, Mama und Papa zu verlieren beziehungsweise von ihnen verlassen zu werden. Allein zu sein in dieser chaotischen und überfordernden Welt, ist sicher die schlimmste Vorstellung für ein kleines Kind. Um sich dennoch sicher und geborgen zu fühlen, muss ein Kind erfahren, dass es vertrauen kann – auf die Eltern, auf Sie, auf andere Bezugspersonen. Es braucht immer wieder von ihnen allen die Versicherung: Ich lass dich nicht allein, ich bin da, wenn du mich brauchst.

Wenn die Nerven müde werden

Stress ist heute schon bei kleinen Kindern verbreitet. Die Seele wird überstrapaziert, wenn es zu Hause häufig Krach gibt, wenn die Eltern sich nicht gut verstehen, wenn gerade ein kleines Geschwisterchen geboren wurde, wenn ein Elternteil arbeitslos ist, wenn ein Familienmitglied krank ist oder andere Probleme da sind (Alkohol, Gewalt, Missbrauch, Geldsorgen). Hetze, Lärm, Umweltgifte, zu häufig an technischen Geräten zu hocken, das alles kann auch schon kleinen Menschen ziemlich zu schaffen machen. Sie fühlen sich schlapp, traurig, können sich nicht konzentrieren, sind unruhig und weinen vielleicht leicht. Auch Kinder brauchen heute gezielte Erholung. Denn sie haben einen anstrengenden Alltag. Sie müssen lernen, sich in einer nicht gerade kinderfreundlich gesonnenen Welt zu bewegen. Dazu gehören der Straßenverkehr, der Lärm, zu viele Menschen auf einem Fleck, zu enge Wohnverhältnisse, zu viele hektische Ferienreisen und vieles andere mehr. Dabei ist ja Kindsein und die Welt entdecken für sich allein gesehen schon anstrengend genug. Am besten erholen sich Kinder da, wo sie sich auskennen. Nicht selten wollen sie am liebsten zu Hause und im Kindergarten sein und dort ihren „gewohnten Tätigkeiten" nachgehen.

| **Das brauchen müde Kindernerven** |
| • mehr Ruhepausen |
| • weniger Lärm |
| • abgeschaltete Fernseher und Computer |
| • genügend Schlaf |
| • viele Schmuseeinheiten |
| • Gespräche mit Mama, Papa und anderen Bezugspersonen |
| • regelmäßige Mahlzeiten am Tisch |
| • möglichst viele Toberunden |
| • Spiele draußen – auch bei Wind und Wetter |
| • viel Zeit zum Spielen und Träumen |

Schlaf gut, kleine Katze

Die Kinder sind kleine Katzen. Sie knien sich auf Matten und stützen sich mit den Händen auf. Sie machen einen Buckel und strecken die Pfötchen aus. Sie dehnen sich in der warmen Sonne aus, denn kleine Kätzchen lieben die Wärme der Sonne. Hmmm, das tut gut. Nun legen sie sich auf die Matte und rollen sich wohlig zusammen. Dabei schnurren sie, atmen tief und gleichmäßig. Kleine Katzen schlafen bis zu 23 Stunden am Tag. Ihre kleinen Katzen ruhen sich auch noch ein wenig aus. Danach mögen sie vielleicht noch eine Maus fangen, aber nur, um mit ihr zu spielen.

So fühl ich mich an

Sie bilden zwei Kindergruppen, die sich für eine kurze „Beratung" zurückziehen dürfen. Jede Gruppe spielt der anderen ein Gefühl vor: glücklich sein, Angst haben, wütend sein, schlechte Laune haben. Die andere Gruppe muss raten, um was für ein Gefühl es sich handelt. Warum haben die Gruppen diese Gefühle ausgewählt? Was verbinden sie damit? Kennen sie die Gefühle von sich selbst? Wie ist das, wenn man sich so fühlt? Aus welchem Grund fühlt man sich so? Welche Anlässe für so ein Gefühl kennen die Kinder noch? Wie erkennen wir die Gefühle von anderen?

Angst benannt, Angst gebannt

Wie fühlen sich die Kinder jetzt selbst? Fühlen sie sich wohl in ihrer Haut? Oder ist ihnen eine Laus über die Leber gelaufen? Gibt es etwas, vor dem sie Angst haben? Wer hat alles wovor Angst? Alle Menschen haben vor irgendetwas Angst. Doch gegen Angst hilft, darüber zu sprechen, die Auslöser herauszufinden und uns in der Gemeinschaft gegenseitig Schutz zu spenden. Bieten Sie den Kindern Hilfe in Problemsituationen an.

| **Tipp:** |
| **Das „JEDEN-TAG-WERD-ICH-STÄRKER"-Buch** |
| Alles, was mir Angst macht: Die Kinder sollten in ihr Buch auch ihre Erfahrungen mit negativen Gefühlen hineinzeichnen. Was ihnen besonders Angst macht, gehört auf das Papier gebannt. Dort macht es nämlich kaum noch Angst und kann auch im Buch weggeklappt werden. Wenn die Kinder lernen, dass Angst sich auch lösen kann, wenn wir über sie sprechen (beziehungsweise sie auf das Papier bannen), entwickeln sie Vertrauen in ihre eigenen Möglichkeiten, damit klar zu kommen. Sie lernen herauszufinden, wie sie der Angst begegnen und wie sie sich selbst „Brücken über die Angst" bauen können. |

3 Streiten und Verlieren können

Kleine Rabauken in Not

DAS SOLLTEN SIE WISSEN

In unseren Kindergärten herrscht zuweilen ein rauerer Ton als früher. Das werden Sie sicher bestätigen. Reibereien und Wutattacken nehmen zu, Streitsucht und Geschrei ist bei vielen Kindern an der Tagesordnung. Auch die Art, wie Erzieherinnen angesprochen werden, lässt manchmal sehr zu wünschen übrig. Fäkalsprache aus Kindermund ist keine Seltenheit mehr. Die Zahl der Rabauken, Schreihälse, Beißer und Kratzer nimmt ebenso zu wie die der Fünfjährigen, die am Montagmorgen Gewaltszenen nachspielen, die sie am Wochenende – oft allein und ohne elterliche Führung – im Fernsehen anschauen durften.

Wie sollen wir mit dieser Veränderung umgehen? Eltern und Erzieher sind gleichermaßen verunsichert. Sie haben sicherlich auch schon häufiger festgestellt, dass die allgemeine Unsicherheit in Erziehungsfragen zugenommen hat. Auch Eltern sind immer häufiger überfordert. Ein Viertel aller Kinder – so aktuelle Umfragen – ist heute schon in irgendeiner Form verhaltensauffällig. Tendenz steigend. Bei den meisten Kindern kündigen sich die Probleme schon frühzeitig an und sind bei Drei- und Vierjährigen für das geschulte Auge bereits deutlich erkennbar. Doch viele Eltern sehen dies nicht oder wollen es nicht wahrhaben. Den meisten müsste bereits in der Kindergartenzeit geholfen werden.

Sprechstunden für Eltern

Bieten Sie den Eltern Ihrer Schützlinge regelmäßige Sprechzeiten an und treffen Sie sich mit allen Eltern zum regelmäßigen Erfahrungsaustausch. Dabei lassen sich viele Probleme schon in den Griff bekommen. Wenn Sie in Ihrer Gruppe besonders schwierige Kinder haben, scheuen Sie sich nicht, sich selbst bei geschulten Erziehungsberatern Rat und Hilfe zu holen. Dann können Sie auch gleichzeitig den Eltern Ihrer Sorgenkinder Ansprechpartner nennen. Denn den meisten Eltern fällt es logischerweise schwer, zu einer Erziehungsberatungsstelle zu gehen und sich und anderen einzugestehen, dass etwas schief läuft in der Familie. Je früher SIE Alarm schlagen, umso eher kann den Kindern geholfen werden. Massiven Verhaltensstörungen und Entwicklungsverzögerungen kann so vorgebeugt werden oder sie werden zumindest früher erkannt. Halten Sie deshalb auch möglichst engen Kontakt zu den Eltern. Vielleicht

ist es Ihnen möglich, eine erfahrene Kinderpsychologin zu Ihrer Unterstützung zu rekrutieren, sodass Sie selbst ohne großen Aufwand einen Ansprechpartner haben, der auch den Eltern gezielt Hilfe anbieten kann. All diese Maßnahmen vermitteln indirekt auch den Kindern das Gefühl: Meinen Bezugspersonen ist es nicht egal, wie es mir geht. Ich bin denen wichtig.

ERIK: Erziehungshilfe, Rat und Informationen im Kindergarten

Dieses Projekt wurde von der Arbeiterwohlfahrt in Düsseldorf-Eller ins Leben gerufen. Es besteht aus mehreren Bausteinen:

- „Kinderkarten" mit Kurzinformationen zu wichtigen Erziehungsthemen wie Scheidung, Trotzphase oder bestimmten Verhaltensauffälligkeiten
- regelmäßige Sprechstunden im Kindergarten oder in der Kindertagesstätte
- bei Bedarf Diagnose und Beratung
- Elternabende und Elterngruppen
- Elterntelefon

Die Erzieherinnen wiederum können auf fachliche Unterstützung, Einzeltraining, Supervisionen, Fortbildung und telefonische Beratungsgespräche zurückgreifen. Wer sich für Erziehungsberatung im Kindergarten interessiert, sollte zunächst seinen Kindergartenträger darauf ansprechen. Informationen über ERIK gibt es bei der AWO-Beratungsstelle Eller, Gertrudisplatz 24, 40229 Düsseldorf und im Internet unter www.awo-erik.de

Ha-Hi-Ho-Ha – die befreiende Kraft des Gelächters

Wenn Ihre Kinder alt genug sind, können Sie zum „Entstauen" von Stressgefühlen auch Witzestunden veranstalten. Immer mehr Studien bestätigen die entlastende und gesund erhaltende Kraft des Lachens. Jedes Kind darf seinen Lieblingswitz erzählen und am liebsten auch noch vorspielen. Vielleicht können Sie auch einmal einen Clown einladen (oder selbst spielen), der die Kinder zum Lachen bringt.

Diese „Lachnummer" finden Ihre Schützlinge garantiert „zum Kugeln": Ein Kind liegt auf dem Rücken, das zweite legt seinen Kopf auf den Bauch des ersten Kindes, das dritte legt sich mit dem Kopf auf den Bauch des zweiten Kindes und so fort – wie überdimensional große Dominosteine. Nun sagt das erste „Ha!" und darf dabei nicht lachen. Das zweite sagt „Ha-Hi!". Lachen bleibt verboten. Das dritte sagt „Ha-Hi-Ho!", das vierte „Ha-Hi-Ho-Ha!". Alle sollen immer schön ernst bleiben. So kommt jedes Kind an die Reihe und das „Ha-Hi-Ho!" wird immer länger – theoretisch jedenfalls, denn erfahrungsgemäß gibt es bald ein wildes und befreiendes Gelächter.

Streiten will gelernt sein

Natürlich streiten sich auch Kinder häufiger als es Erwachsenen lieb ist. Da kann ein Spiel zwischen zwei Kindern ganz friedlich beginnen und plötzlich gibt es großes Geschrei – vielleicht weil beide dasselbe Spielzeug haben wollen oder sie sich über den Fortgang ihres Spiels nicht einigen können. Manchmal bleibt es bei einer kleinen Auseinandersetzung, gelegentlich endet sie aber auch in einer Rangelei. Erwachsenen ist das oft unangenehm und sie fahren mit ziemlicher Wucht dazwischen. Doch für Kinder ist Streiten wichtig und sinnvoll, denn sie müssen es ja auch lernen, mit unterschiedlichen Bedürfnissen verschiedener Menschen inklusive ihrer eigenen zurechtzukommen.

Es gibt immer einen Grund für einen Streit. Er entsteht beispielsweise, wenn uns etwas sehr am Herzen liegt, von dem wir andere überzeugen wollen, oder wenn andere das Gleiche oder etwas völlig anderes für sich beanspruchen als wir. Jeder möchte mit seinen Ideen, Wünschen und Ansprüchen ernst genommen werden – das ist bei Groß und Klein gleichermaßen so. Wenn Ansichten von zwei Menschen sich nicht decken, sind Auseinandersetzungen eigentlich vorprogrammiert. Kinder müssen erst lernen, ihre Ansprüche zu formulieren und durchzusetzen und das auch bei anderen zu akzeptieren.

Zudem werden sie erfahren, dass man nicht immer seine Wünsche erfüllt bekommt und nicht immer seinen eigenen Kopf durchsetzen kann oder zurückstecken muss. Ganz oft muss man sich „in der Mitte" einigen, gemeinsame Lösungen oder Kompromisse finden.

Streiten will gelernt sein. Denn sonst kommt es zu unnötigen Verletzungen. Und so müssen Kinder es auch üben, sich zu versöhnen, zu verzeihen und sich bei Grenzüberschreitungen zu entschuldigen. Wenn Kinder begreifen, dass ein Streit auch ein Ende finden kann, das für beide Seiten erträglich ist, gewinnen sie an Selbstkompetenz. Sie fühlen sich dem nicht hilflos ausgeliefert, sondern wissen, dass sie selbst etwas bewirken können. Und dass sich am Ende wieder gute, friedliche Gefühle einstellen. Das fördert ihr Selbstvertrauen und mindert Angst vor dem Leben.

Streitregeln für Sie und Ihre Schützlinge

- Wenn sich die Kinder streiten und die Kräfteverhältnisse einigermaßen ausgewogen sind, greifen Sie erst einmal nicht ein. „In Kindersachen mischt man sich nicht ein", sagte man früher.
- Sagen Sie den Kindern bei passender Gelegenheit, dass Sie ihnen vertrauen, dass sie den „Gegner" weder mit Worten noch sonst wie verletzen und dass Sie ihnen zutrauen, eigene Lösungen zu finden.
- Bewahren Sie auch die Nerven, wenn die Kinder mal miteinander rangeln oder etwas heftiger toben. Auch das ist richtig und wichtig. Handgreiflichkeiten, die dem anderen Schmerzen bereiten, sollten Sie allerdings nicht dulden.
- Pflegen Sie im Kindergarten einen guten Umgangston und bringen Sie ihn auch den Kindern nahe. Allgemein hat die Sprache bei Kindern – auch schon bei den kleinsten – ein niedriges Niveau erreicht. Kaum jemand hat noch Hemmschwelle im Umgang mit Worten wie „Arsch", „Scheiße", „Wichser" oder „Sau". Dulden Sie solche Worte auch im Streit nicht, denn sie sind nicht nur ordinär, sondern auch respekt- und niveaulos.
- Wenn ein Streit zwischen zwei Kampfhähnen eskaliert, müssen Sie natürlich eingreifen und die Auseinandersetzung auf eine sachliche Ebene bringen. Achten Sie darauf, dass Sie den Streit und die Streithähne ernst nehmen. Denn sonst werden ihre Gefühle verletzt, ihre Empörung und Ohnmacht für nichts erklärt.
- Sorgen Sie erst einmal dafür, dass sich die Kinder beruhigen. Das können Sie, indem Sie beispielsweise die Auszeit-Methode anwenden. Die beiden werden für eine bestimmte angekündigte Zeit – etwa zehn bis fünfzehn Minuten – räumlich voneinander getrennt. Widmen Sie (am besten zu zweit) jedem der beiden eine Portion Aufmerksamkeit. Lassen Sie die Kleinen erzählen, was ihnen passiert ist, lassen Sie sie schimpfen und weinen. Trocknen Sie die Tränen und pusten Sie Schmerzen weg, aber nehmen Sie keine Stellung zum Streitthema. Bleiben Sie neutral, selbst wenn Sie insgeheim einer Seite zuneigen.
- Nach einer Weile können die beiden Streithähne wieder zusammengeführt werden. Sie können sich versöhnen und entschuldigen. Sie können erklären, was passiert ist. Dann sollten Sie versuchen, mit ihnen gemeinsam das Problem zu lösen. Wenn die Kinder Ihre Anregungen übernehmen und „ihre Angelegenheit" wieder selbst in die Hand nehmen, haben sie gelernt, dass Streit nicht in „Mord und Totschlag" enden muss, sondern auch vernünftig beigelegt werden kann.

Die beruhigende Kraft der Mandalas

Wenn Sie Streithähne trennen müssen oder aus irgendeinem Grund bei den Kinder die Wogen hoch gehen, beruhigt es viele Kinder, wenn sie Mandalas ausmalen dürfen. Selbst Zappelphilipp-Kinder und andere unruhige Naturen werden durch die gleichmäßigen, runden Linien und bunten Farben friedlicher. Eine ähnlich konzentrierende Wirkung hat das Ausmalen von Labyrinthen, Spiralen oder Blütenformen.

Mein und Dein

Im Kindergarten lernen Kinder durch den Umgang mit anderen Kindern und das Einordnen in eine Gruppe vor allem soziale Kompetenz. Sie müssen lernen, Rücksicht zu nehmen und sich gelegentlich hintanzustellen. Jetzt begreifen sie allmählich auch, dass sie nicht nur Mamas und Papas Liebe mit ihren Geschwistern teilen müssen, sondern auch den Kindergarten mit anderen Kindern. Das Verhalten in der Gruppe ist etwas, was man nur in der Gruppe lernen kann. Eine Fülle von Fähigkeiten wird dazu benötigt, die es Stück für Stück zu erlernen gilt. Dazu gehört auch das Teilen und einem anderen Menschen etwas abgeben zu können.

Wenn Kinder in den Kindergarten kommen, haben sie bis dahin oft die mehr oder weniger ungeteilte Aufmerksamkeit ihrer Eltern genossen, haben sie für sich allein gehabt und konnten „frei" über ihr Spielzeug verfügen. Sie brauchen deshalb eine ganze Weile, bis sie das Teilen begreifen und akzeptieren. Aus ihrer Sicht ist Teilen noch keine lohnende Angelegenheit. Die meisten Kinder brauchen dafür einfach Zeit.

Für Kinder in diesem Alter ist es nicht einfach, sich nicht selbst im Mittelpunkt zu sehen, sich hintanzustellen, zu akzeptieren, dass andere vor ihnen dran sind und zu warten, bis sie selbst an der Reihe sind. Deshalb ist ja auch das Einhalten von Spielregeln ein häufig unterschätzter Entwicklungsschritt.

Das Teil-Fest
Alle Kinder bringen an einem Tag etwas zu essen oder zu trinken mit, was sie besonders gerne mögen. Das wird dann so in kleine Portionen geteilt, dass alle etwas abbekommen. Jeder bekommt wahrscheinlich eine winzige Portion, aber von allen Lieblingsspeisen der anderen Kinder etwas ab. Zu diesem Festmahl sollte natürlich auch der Tisch besonders schön gedeckt sein.

Eine Variante: Jedes Kind bringt einen Apfel mit. Die Äpfel werden von Ihnen in so viele Schnitze geschnitten wie die Gruppe Kinder hat. Nun bekommt jedes Kind einen Schnitz von jedem Apfel und hat am Ende wieder einen ganzen Apfel zusammen.

Das Mein-Dein-Spiel
Jedes Kind bringt heute eines seiner Lieblingsspielzeuge mit. Die Kinder setzen sich in den Kreis und jedes erzählt den anderen, was es an seinem Lieblingsspielzeug so gern hat, von wem es das bekommen hat, wie es damit umgeht. Damit lernen sie die Unterscheidung zwischen Mein und Dein und dass jedes Mein und Dein seine eigene Geschichte hat. Sie können über die Dinge berichten, die dem Kindergarten oder allen zusammen gehören.

Eine weitere Variante: Die Kinder bringen sich etwas zum Verkleiden mit. Jedes Kind verkleidet sich jedoch nicht mit den eigenen Kleidungsstücken, sondern mit denen eines anderen Kindes. Für die Zeit der Verkleidung spielen sie auch das andere Kind.

Am Ende müssen Klamotten und Identität wieder abgegeben werden, denn sie waren ja nur geliehen. Helfen Sie Kindern, deren Identität niemand übernehmen möchte, indem sie auch andere Verkleidung und Identitäten zur Verfügung stellen (auch erfundene wie Prinzessin, Cowboy, Indianer oder Erzieherin).

Der Flohmarkt

An einem Tag können Sie einen Flohmarkt veranstalten. An den Tagen zuvor basteln Sie mit den Kindern lustige und bunte Marktstände. Die Kinder bringen von zu Hause mit, was sie nicht mehr haben möchten oder nicht mehr brauchen. Das können sie dann untereinander tauschen oder gegen eine Kindergarten-Währung verkaufen. Sie können aber auch eine Sammlung des nicht mehr gebrauchten Spielzeugs veranstalten und dies gemeinsam für Kinder spenden, die im Krankenhaus liegen oder im Kinderheim wohnen. Loben Sie die Kinder ausdrücklich, wenn sie teilen und abgeben, ohne Geschrei zu veranstalten. Sie haben alles Recht, auf diesen Lernschritt stolz zu sein.

Tipp:

Das „JEDEN-TAG-WERD-ICH-STÄRKER"-Buch

Die Kinder können nun ihre Lieblingsspielzeuge in ihr Büchlein zeichnen. Dazu gehört auch, von wem und warum sie diese Spielsachen bekommen haben. Sie können auch die Lieblingsspielsachen ihrer besten Freunde oder Geschwister hineinzeichnen.

Verlieren tut weh

Viele Spiele, die Ihre Schützlinge miteinander spielen, beinhalten auch einen Wettstreit. Wer ist der Schnellste, wer kann dies und wer kann das besser, wer ist mutiger und wagt mehr als die anderen. Diese kleinen Rivalitäten sind ganz wichtig für die Entwicklung, denn sie spornen die Kinder an und fordern sie heraus. Sie müssen auch nicht vor Leistung geschützt werden, sondern in ihrer Leistungsbereitschaft gefördert und gefordert werden. Die Kinder finden ihren Platz heraus und bereiten sich auch auf die Konkurrenz in ihrem späteren Leben vor. Doch häufig sind die Kräfteverhältnisse ungleich verteilt und es gewinnt immer derselbe. Oder – was ja noch unangenehmer ist: Es verliert immer derselbe. Das tut natürlich weh.

Vor allem für zurückhaltende Kinder können die täglichen Wettkämpfe zur Belastung werden. Wenn sie sich nichts zutrauen oder sich lieber etwas ängstlich im Hintergrund halten, können sie manchmal Höllenqualen leiden. Zudem werden sie schnell ausgegrenzt. Auch im Kindergarten kann es passieren, dass ein Kind wegen seines Aussehens, seiner Herkunft, wegen einer Behinderung oder schlicht aus einer üblen Laune heraus (auch im Kindergarten wird heute schon gemobbt) abgelehnt und verspottet wird. In solchen Fällen können Sie dem Kind durch verstärkte Zuwendung und Zuneigung helfen, sich selbst anzunehmen. Den anderen sollten Sie helfen zu verstehen, dass Menschen unterschiedlich sind und dass Schwächere nicht gequält und gepiesackt werden dürfen. Dabei kann Ihnen vor allem das Rollenspiel gute Dienste leisten. Es ist in diesem Alter ein wesentliches Mittel zum Erlernen von Selbstbestimmung und zur Übernahme sozialer Rollen.

Der indianische Redestab

Wenn die Gefühle einmal auf der Spitze stehen, sich Kinder im heftigen Streit befinden oder die Verständigung allgemein etwas beeinträchtigt ist, kann der indianische Redestab helfen. Mit seiner Hilfe können die Kinder ihre Streit- und Standpunkte, ihre unterschiedlichen Gefühle und Interessen zur Sprache bringen.

Der Redestab stammt aus der Tradition der indianischen Ratsversammlungen. Meist wird ein kleiner Ast benutzt. Die Kinder können aber auch einen Stab selbst basteln und ihn schön bemalen und verzieren – etwa nach indianischer Art mit Federn, Glasperlen und bunten Bändern. Sie können sich auch spezielle Stäbe für bestimmte Gesprächsanlässe basteln. Vielleicht gefällt einigen Kindern die Tradition des Redestabs auch so gut, dass sie einen für zu Hause anfertigen wollen, zum Beispiel wenn sich die Eltern viel streiten.

Die Kinder setzen sich in einen Kreis und sind ganz still. Sie selbst haben sich ein Thema vorgenommen, über das gesprochen werden soll. Vielleicht haben Sie dies auch vorher mit den Kindern gemeinsam beschlossen, weil es schon länger in der Luft liegt – etwa ein Streit zwischen zwei Kindern oder zwei Gruppen, wenn ein Kind von anderen gemobbt oder gehänselt wird, ein Diebstahl, eine Prügelei. Weitere Themen können sein: Wut, Trauer, Trennung der Eltern, Umzug, Krankheit, Einsamkeit, Toleranz, Tod, Haustiere oder Probleme in der Familie. Es beginnt damit, dass Sie die Kinder daran erinnern, dass alles, was in diesem geheimen Kreis erzählt wird, vertraulich ist, nicht weitererzählt oder gar ausgenutzt werden darf. Das sollten Sie mit einigen indianischen Schwüren untermauern, auf die Kinder ihr großes Indianer-Ehrenwort geben. Sie können auch noch einige weitere kleine Rituale mit einfließen lassen.

Sie bestimmen nun je nach Thema, wer den Stab als Erstes erhält oder auf welche Weise der Erste bestimmt wird. Nur derjenige, der den Stab hält, darf sprechen. Er darf von niemanden unterbrochen werden (auch von Ihnen selbst nur im Notfall). Wenn er den Stab weitergibt, darf der sprechen, der nun den Stab bekommen hat. Der Stab wird normalerweise im Uhrzeigersinn weitergereicht – es sei denn, Sie finden eine andere Regelung sinnvoll.

Der neue Sprecher fasst erst einmal zusammen, was sein Vorgänger gesagt gar und was er davon selbst verstanden hat. Das ist einerseits wichtig, um dem Respekt zu zollen, was der Vorgänger gesagt hat, und andererseits die Kinder dazu zu bringen, genau hinzuhören und sich zu konzentrieren. Das Lernziel ist, sich anderen zu öffnen, zuzuhören, mitzudenken, mitzufühlen, nachzudenken, zu akzeptieren und zu respektieren, was andere sagen und fühlen.

Vom Sinn der Spielregeln

Spielregeln sollen ein „geordnetes Miteinander" garantieren und allen Kindern die gleichen Startchancen vermitteln. Spielregeln verbessern die soziale Lernfähigkeit und fördern die Teamfähigkeit eines Kindes. Es lernt sich einzupassen in eine Gemeinschaft, gelegentlich die Führung zu übernehmen und auch von anderen geführt zu werden.

Ein gemeinsames Ziel führt dazu, die eigenen Interessen für eine Weile hintanzustellen und sich dem Ziel zu widmen. Dabei gibt es natürlich auch immer Gewinner und Verlierer, Sieger und Besiegte. Das zu akzeptieren, ist ein wichtiger Lernschritt und für viele Kinder ein Ansporn, sich weiterzuentwickeln. Nun gibt es natürlich auch Kinder, die eher zu den Verlierern als zu den Gewinnern gehören, denn die Kinder sind ja unterschiedlich ausgestattet. Geben Sie ihnen die Möglichkeit, über ihre Gefühle zu sprechen. Und versuchen Sie, Ihnen auf anderen Gebieten zu Erfolgserlebnissen zu verhelfen.

4 Grenzen erspüren, Unterschiede akzeptieren

Mit Worten hauen – mit Fäusten reden

DAS SOLLTEN SIE WISSEN

Unsere Gesellschaft hat sich verändert, sie ist kälter geworden. Die Bedeutung von Familie, Nachbarn, Kirchen und Vereinen nimmt ab. Schützende Strukturen lösen sich teilweise auf. Auch der Arbeitsplatz bietet häufig keinen verlässlichen Rahmen mehr. Immer mehr Eltern fühlen sich mit der Erziehung ihrer Kinder überfordert. Es wird immer schwieriger für sie, ihren Kindern bleibende Werte mit auf den Weg zu geben. Nächstenliebe und Solidarität scheinen nicht mehr gefragt. „Soziale Verelendung einer Ellenbogen-Gesellschaft" nennen Soziologen diese Entwicklung.

Immer mehr Kinder und Jugendliche, die in der Familie keinen Halt finden, die mit den Alltäglichkeiten des Lebens überfordert sind, neigen zu Gewalttätigkeit. Meist stammen sie aus tristen Gegenden, die als soziale Brennpunkte gelten. Das Alarmierende: Selbst in manchen Kindergärten wird heute gemobbt, geprügelt, erpresst, abgezogen und diskriminierend gesprochen. Laut statistischen Erhebungen geht heute schon jeder dritte Schüler bewaffnet zur Schule. Gewalttätigkeiten und Grenzüberschreitungen gehören heute zum Alltag vieler Kinder. Sei es als Opfer, als Täter oder beides in einer Person. Außerdem gibt es nicht nur immer mehr kriminelle Kinder, sie werden zudem immer jünger. Untersuchungen haben ergeben, dass sie immer weniger vor Blutvergießen zurückschrecken. Auch Angriffe auf die Schwächsten in unserer Gesellschaft sind für Jugendliche gerade in Brennpunkt-Gebieten kein Tabu mehr: Die Anzahl von Behinderten, Obdachlosen, alten Menschen und Tieren, die Opfer von Gewalt werden, steigt an. Wer Mitleid zeigt, gilt als uncool. Immer häufiger – so beobachtet die Polizei – geht die Gewalt von Mädchen aus. Sie prügeln inzwischen mit der gleichen Härte und Grausamkeit auf ihre Opfer ein wie gewalttätige Jungen. Auch die Täterinnen werden immer jünger.

Das Spiel von Stärke und Schwäche

Ob ein Kind ein Raufbold oder ein friedliebender Mensch wird, bestimmt ein schier unentwirrbares Knäuel aus gesellschaftlichen Voraussetzungen und dem, was einen Menschen persönlich prägt, was er an genetischen Voraussetzungen mitbringt, was er persönlich erlebt und wie er das erlebt. Die Frage, was angeboren und was anerzogen ist, wird sich mit

Sicherheit nie wirklich beantworten lassen. Gewiss ist allerdings so viel und das ist für Sie interessant: Wer bereits als Kind mit aggressivem Verhalten gewisse „Erfolge" erzielen konnte, für den werden auch als Erwachsener Gewalttätigkeiten zum Verhaltensrepertoire gehören. Kinder, die zu Hause Gewalt erfahren, werden das auch später selbst weitergeben – an ihre eigenen Kinder, an Mitmenschen. Gewalt schürt Gewalt.

Aggression ist dennoch ein lebenswichtiger Instinkt. Ohne ihn können wir uns im Leben nicht durchsetzen. Deshalb zeigt sie sich schon im Kleinkindalter – vom bösen Starren bis zum Wegstoßen, Beißen, Kratzen und Treten. Ob und unter welchen Umständen es dieses Verhalten einsetzt, lernt ein Kind im Laufe seiner Kindheit. Erlebt es etwa, dass es sein Spielzeug mit Hauen und Treten erfolgreich verteidigen oder anderen wegnehmen kann, wird es dieses Verhalten weiter an den Tag legen – für den Rest seines Lebens.

Wenn ein Kind beginnt, mit anderen Kindern Kontakt aufzunehmen, kämpft es zunächst – zum Beispiel um sein Stofftier –, als ginge es um sein Leben. Das Stofftier gehört zu seiner Person und es setzt alles ein, um „sich selbst zu behalten". Etwas anderes kann es noch nicht verstehen. Mit etwa fünf Jahren stellt sich das Gefühl „Wut" ein. Im Gegensatz zum Trotzalter wird die Aggression jetzt erstmals zielgerichtet eingesetzt – etwa wenn ein Kind sich bedroht fühlt oder Kummer hat. Je älter Kinder werden, desto vielfältiger sind ihre Möglichkeiten, ihre Bedürfnisse zu äußern, ohne körperlich tätig zu werden. Vorausgesetzt, sie lernen es, sich auch mit Worten auseinander zu setzen. Bei gewalttätigen Kindern kommt es an irgendeiner Stelle dieses normalen Entwicklungsprozesses zu einem Bruch. Experten sagen, dass sich Gewalttätige in gewisser Hinsicht ihr Leben lang wie Kindergartenkinder benehmen, weil sie es nicht gelernt haben, mit ihrer Aggression und Wut umzugehen. Sie betrachten ihre Umwelt als feindlich und reagieren mit Gewalt, weil sie nichts anderes kennen. Kein Kind ist aus Spass gewalttätig!

Andererseits gibt es auch Überlegungen, wie sich die Entwicklung eines Kindes zum „Opfertyp" vollziehen mag. Wahrscheinlich ist, dass Kinder, die niemals wütend, vereinnahmend und selbstbewusst sein durften, sich nicht mehr trauen, diesen Überlebensmechanismus in einer Bedrohungssituation auch wirklich zuzulassen.

Der starke und der sanfte Stab

Sie setzen sich mit den Kindern in einen Kreis wie Indianer, die eine Ratsversammlung abhalten wollen. Sie haben zwei Redestäbe dabei, den starken und den sanften Stab. Beide sind unterschiedlich verziert, damit die Kinder sie auseinander halten können. Der starke Stab steht für die starken Seiten des Menschen, der sanfte Stab für die weicheren oder auch schwächeren Seiten. Sie beginnen, indem Sie den starken Stab hochhalten und erzählen, in welchen Situationen Sie sich gut und stark fühlen, wann Sie von angenehmen Gefühlen heimgesucht werden. Wenn Sie den sanften Stab hochhalten, erzählen Sie von Situationen, in denen Sie sich nicht so gut fühlen oder wo Sie sich als schwach empfinden. Dann sind die Kinder an der Reihe. Als Ratsvorsitzende können Sie ruhig nachfragen: Warum, glaubst du, hast du dich so gefühlt? Wie war das? Wann hättest du dich anders gefühlt? Was können wir gegen schlechte oder unangenehme Gefühle tun?

Oft fehlt Kindern der männliche Einfluss

Viele Kinder bekommen den ganzen Tag keinen Mann zu sehen. Im Kindergarten nicht, weil es so wenige männliche Erzieher gibt. Zu Hause nicht, weil der Papa oft erst spät nach Hause kommt oder beruflich häufig weit weg ist. So fehlt ihnen der männliche Part in ihrer Erziehung. Das betrifft die Mädchen genauso wie die Jungen. Beide Geschlechter suchen hier Orientierung. Wir müssen ihnen deshalb auch den männlichen Part der Welt vorstellen: Was ist ein Mann? Was können Männer anders als Frauen? Wie lösen sie Probleme? Wie zeigen sie ihre Gefühle? Wie ist die männliche Art des Kräftemessens?

Männer spielen mit Kindern anders als Frauen. Von ihnen lernen Kinder mehr Bewegung und Abenteuerlust. Sie erfahren aktiveres und mutigeres Spielen, manchmal auch kreativere beziehungsweise riskantere Möglichkeiten. In der Annahme, Kinder würden mit Aggressionen besser fertig, wenn sie gewaltfrei aufwachsen, wurden Rangelecken abgeschafft. Nun müssen Kinder aber auch rangeln und raufen, damit sie lernen, was es bedeutet, anderen Schmerzen zuzufügen und was Fairplay ist. Natürlich können wir den Kindern nicht den Vater ersetzen, aber wir können versuchen, väterliche Spielanteile zu übernehmen und ihr Fehlen etwas auszugleichen.

Im Tobeparadies

In mindestens einer Ecke sollten Matten, Matratzen und Kissen ausliegen, auf denen die Kinder gefahrlos und nach Herzenslust herumtoben können. Schön wäre es auch, wenn Sie von Zeit zu Zeit mit einem ausgebildeten Bewegungspädagogen in einer „echten" Sporthalle Tobestunden veranstalten könnten. Bei gutem Wetter sollte natürlich draußen getobt werden. Fragen Sie doch einmal bei Ihrem örtlichen Sportverein nach einer Kooperationsmöglichkeit. Am besten wäre es natürlich, wenn Sie und Ihre Kolleginnen selbst nicht ganz unsportlich wären.

Dieses Mehr an Toben und Turnen ist nicht nur für Beweglichkeit und Gesundheit Ihrer Schützlinge gut, sondern auch für ihr Selbstbewusstsein. Sie trauen sich mehr zu, gewinnen Sicherheit und Flexibilität im Umgang mit ihrem eigenen Körper. Sie erfahren, was Schnelligkeit ist und dass sie Hindernisse überwinden können – und werden motorisch geschickter. Letztendlich wirkt sich dies auch auf ihr Sozialverhalten aus, denn sie lernen es auch, sich untereinander zu helfen. Beim sportlichen Bewegen lernen die Kinder ganz nebenbei, sich an Regeln zu halten, führen und geführt zu werden.

Bewegungsgeschichten erfinden

Wenn Sie im Kindergarten etwas beengt sind, können Sie sich behelfen, indem Sie Tische und Stühle aus einem Raum verbannen oder sie anders anordnen und die Flure noch mitnutzen. Wenn Sie dann Bewegungsstunden abhalten, lassen Sie die Kinder ihre eigenen Bewegungsspiele erfinden. Sie können beispielsweise Trapper sein, die auf die Büffeljagd gehen, oder Fotografen, die Tierfotos machen. Sie können Indianer spielen, die sich einen Wigwam bauen und sich unter Gefahren an andere Stämme anschleichen, sie können Touristen sein, die einen Spaziergang im Moor machen, oder Bergsteiger sein, sie können Schafhirten darstellen, die Mühe haben, ihre Herde einzufangen und zum Scheren zu bringen, sie können unterschiedliche Tiere spielen oder Wettkämpfe veranstalten. Vielleicht ergeben sich auch Bezugspunkte zu dem, was die Kinder in letzter Zeit selbst erlebt oder im Fernsehen gesehen haben. Wer zu Beginn noch etwas ängstlich ist, sollte nicht zum Toben oder gar Kämpfen gezwungen werden. Versuchen Sie, sie sanft heranzuführen und ihnen die Bewegung – die gerade scheuen Kindern so fehlt – schmackhaft zu machen.

Bolzplatz

Die einfachste Art des „männlichen" Spielens ist das Herumbolzen mit einem Ball auf einer freien Fläche. Das macht auch schon kleinen Jungen und Mädchen Spaß. Es werden neben dem Ball lediglich Stöcke, Pullover, Taschen oder andere gut sichtbare Gegenstände benötigt, um Tore herzustellen. Die freie Fläche ist das Spielfeld, Außenlinien werden nicht benötigt, denn ein „Aus" braucht es nicht bei diesem Spiel. Mitspielen kann jeder und dann wird einfach drauflos gespielt. Der Torwart wechselt von Zeit zu Zeit. Gebolzt werden kann auch bei schlechtem Wetter – vorausgesetzt, die Kinder sind richtig angezogen. Sprechen Sie am besten vorher mit den Eltern darüber, dass sich Kinder beim Spielen auch schmutzig machen dürfen. Vielleicht bekommen sie Extra-Schmutzklamotten mit in den Kindergarten. Kinder, die bei Schnee und Regen draußen spielen dürfen, sind körperlich widerstandsfähiger und entwickeln mehr Verständnis für die Natur und ihre Gesetzmäßigkeiten.

Wilde Mädchen – brave Jungen

Einige Zeit lang glaubte man, Jungen und Mädchen hätten identische Anlagen und würden sich völlig gleich entwickeln, wenn man sie nur gleich erzöge. Die Umwelt habe einen größeren Einfluss auf die Entwicklung von Kindern als die genetischen Vorgaben, so vermutete man. Heute ist wissenschaftlich zweierlei nachgewiesen: Mädchen und Jungen sind von Natur aus doch sehr viel unterschiedlicher und entwickeln sich auch bei annähernd gleicher Erziehung ihren Vorgaben entsprechend. Zudem erziehen wir Mädchen und Jungen immer noch unterschiedlich. Wir muten Jungen mehr zu und erwarten von Mädchen weniger. Wir schenken ihnen unterschiedliches Spielzeug und ermuntern sie zu unterschiedlichen Spielen und Verhaltensweisen. Das untergräbt bei beiden das Selbstbewusstsein, weil es doch einen Teil von ihnen außer Acht lässt. Wenn sie sich anders verhalten, als von ihnen erwartet wird, spüren sie instinktiv, dass sie nicht als individuelles Wesen wahrgenommen werden, und das ist verständlicherweise für beide Geschlechter nicht förderlich.

Jungen gerecht zu werden, bedeutet zu akzeptieren, dass sie anders sind als Mädchen, dass sie mehr körperliche und grobmotorische Bewegung brauchen, dass sie raufen und rangeln müssen, Fußballspielen, Hämmern und Sägen. In diesem Rahmen muss man sie an soziales und gefühlsbetontes Miteinander heranführen. Mädchen gerecht zu werden, bedeutet, sie zu mehr Selbstbewusstsein zu führen, nicht zu dulden, dass sie sich automatisch den Jungen unterordnen oder sich von ihnen ärgern lassen. Auch Mädchen müssen sich viel mehr bewegen und es schadet nichts, wenn sie dabei rangeln und raufen lernen.

Wenn ich ein Junge wär, wenn ich ein Mädchen wär

Im Rollenspiel lernen Kinder, sich in das andere Geschlecht hineinzuversetzen. Sie können sich als Mädchen und als Junge verkleiden und den anderen dann vorspielen, wie sie glauben, dass sich ein „richtiges" Mädchen und ein „richtiger" Junge benehmen. Sie können auch Männer und Frauen nachspielen, die sie kennen. Warum verhalten die sich so, wie sie sich verhalten? Wo sind Unterschiede im Verhalten? Wie fühlten sich die Kinder in der jeweils anderen Rolle? Was war besonders angenehm, was besonders unangenehm? Was würden sie anders/besser machen, wenn sie das andere Geschlecht hätten? Was, glauben sie, zeichnet Mädchen und Jungen, Männer und Frauen im Besonderen aus?

Vorsicht Falle!

Wo Sie Rollenklischees entdecken (auch bei sich selbst), sollten Sie mit sanfter Hand gegensteuern, denn wir müssen beiden Geschlechtern helfen, nicht in alte Fallen zu tappen, sondern stattdessen Gemeinsamkeiten und Unterschiede für ihr eigenes Persönlichkeitspotenzial zu nutzen. Erst das Verhalten und die innere Haltung der Erwachsenen – natürlich vor allem der Eltern – ermöglicht es den Kindern, ihren Platz jenseits von Rollenzuschreibungen zu finden und Erfahrungen als Individuum zu machen. Beide Geschlechter sollten ermutigt werden, ihre spezifischen Eigenschaften, Merkmale und Fähigkeiten herauszubilden. Zwar lässt sich grundsätzlich sagen, dass Mädchen mehr Unterstützung brauchen, um Selbstvertrauen und Stärke zu entwickeln, und Jungen mehr Unterstützung darin, ihren Gefühlen zu trauen und mehr auf sich Acht zu geben. Doch innerhalb dieses Rahmens gibt es eine große Bandbreite und es ist nachweislich nichts gewonnen, wenn wir Mädchen die Puppenfamilie und Jungen die Rittersammlung wegnehmen.

Kleine und große Unterschiede

Mädchen und Jungen sind nicht gleich, weder was ihren Körper noch ihre Seele betrifft. Dafür sorgen unter anderem unterschiedliche Hormone und Kreisläufe sowie eine unterschiedliche Hirnstruktur. Darin liegt jedoch keine Wertung und Vormachtstellung irgendeines Geschlechts. Daraus ergeben sich bestimmte Stärken und bestimmte Schwächen. Einer der großen Unterschiede ist die Fähigkeit, Spannungen zu binden. Mädchen neigen im Zweifelsfall dazu, eine Belastung in sich hineinzufressen. Jungen verarbeiten sie eher „äußerlich". So beobachten wir schon bei den Kleinen, dass Jungen im Konfliktfall eher aufsässig reagieren, während Mädchen es vorziehen, stiller zu werden und sich anzupassen. Natürlich gibt es auch unter „den" Mädchen und „den" Jungen unterschiedliche Temperamente. Beiden Geschlechtern hilft es, wenn sie wissen, dass sie Gefühle haben und sie ausleben dürfen. Mädchen dürfen ruhig sauer oder wütend sein und Jungen sollten wissen, dass man über seine Gefühle auch sprechen kann, ohne ein „Weichei" oder ein „Warmduscher" zu sein.

Forschungssafari

Mädchen und Jungen bilden getrennte Gruppen. Die Jungen sind wilde Tiere und dürfen sich gemeinsam verstecken. Das geht sowohl drinnen als auch draußen. Die Mädchen sind auf Safari und wollen die Tiere für den Zoo zu Hause fangen. Dazu müssen sie sich erst mal auf die Lauer legen und die Tiere erspähen. Sie können sich dazu verschiedene Utensilien mitnehmen: Fotoapparat, Fangnetz, Transportkäfig (= großer Pappkarton), Leinen zum Beispiel.

Die wilden Tiere versuchen natürlich, nicht entdeckt zu werden, denn sonst würden sie ja womöglich gefangen. Wenn sie es aber schaffen, den nächsten Nationalpark zu erreichen (= ein Platz, den Sie vorher zur geschützten Zone erklären), dann sind sie in Sicherheit. Gelingt es den Forscherinnen, auch nur ein einzelnes Tier zu fangen, muss sich die ganze Meute ergeben und kommt in den Zoo.

Schöner matschen – doller toben

Sich ausreichend zu bewegen, zu toben und laut sein zu dürfen, ist für die meisten Kinder kaum noch möglich. Kinder stoßen heute auf eine ganz beengte Spielwelt, die sie nicht als Kinder, sondern als Konsumenten auftreten lässt. Damit eröffnen sich Kindern meist keine eigenen Spielwelten mehr. Sie können weder Gefühle noch Kreativität ausagieren. Zudem lernen sie nicht die Grenzen ihrer Leistungsfähigkeit kennen. Das liegt unter anderem daran, dass wir den Kindern immer weniger Raum zum Spielen zur Verfügung stellen. Zu wenige und zu kleine Spielplätze, zu enge Wohnungen, Eltern, die keine Zeit haben, kaum noch bespielbare Grünflächen geschweige denn Bolzplätze – so sieht die Spielwelt von Kindern heute aus. Wenn sie spielen wollen, sollen sie außerdem möglichst wenig stören. Dabei ist die Notwendigkeit von Bewegung und Stressabbau bei Erwachsenen in aller Munde. Spannung wird in Bewegung abgewandelt, Stresshormone werden abgebaut und es bleibt keine Energie mehr für Aggressionen gegen andere Kinder übrig. Kinder, die unter Bewegungsmangel leiden, sind andersherum auch aggressiver als andere.

Raus an die Luft

Kinder sollen jeden Tag zwei bis drei Stunden draußen spielen – egal wie das Wetter ist. Denn das fördert nicht nur die körperliche und seelische Entwicklung und das Wohlbefinden, sondern stärkt auch das Abwehrsystem. Kinder, die viel draußen spielen, sind ausgeglichener und schlafen besser. Nur: Die meisten wissen gar nichts mehr mit sich anzufangen. Beliebte Straßenspiele von Eltern und Großeltern sind fast in Vergessenheit geraten. Doch es lohnt sich, sie wieder auszugraben. Denn sie

machen den Kindern normalerweise viel Spaß, sie bringen Bewegung, fördern Entwicklung, Geschicklichkeit und Gruppenfähigkeit. Obendrein kosten sie nichts außer ein wenig Fantasie.

Kinder wollen und müssen sich entwickeln, deshalb brauchen sie eigene Spielideen. Aber auch die alten Spiele sind nach wie vor prima: Hinkepott, Gummitwist, Räuber und Gendarm, Fußball, Ballschule, Verstecken, Ticker und Murmeln gehören zu den klassischen Spielen für draußen. Vergnügtes Toben mit dem Springseil, einem Kreisel, einem Hula-Hoop-Reifen, Lauf- und Fangspiele, Hüpfspiele oder Drachenspiele haben über Jahrzehnte nichts an ihrer Attraktivität eingebüßt. Und: Kinder spielen allzu gern draußen – auch bei Wind und Wetter, vorausgesetzt, sie werden rechtzeitig daran gewöhnt und sie sind entsprechend angezogen.

Erste Hilfe bei Aggressionen

Wenn ein Kind in Ihrer Gruppe einen Wutanfall hat, werden Sie mit Schimpfen nichts erreichen. Stehen Sie mit dem Kind auf gutem Fuß, sollten Sie versuchen, es mit Körperkontakt zur Ruhe zu bringen. Versuchen Sie es festzuhalten, zu umarmen oder auf den Arm beziehungsweise Schoß zu nehmen. Es muss Ihre Wärme und Ihr Festhalten spüren. Sprechen Sie beruhigend auf das Kind ein. Wenn es zu weinen beginnt, reden Sie ihm weiterhin zu. Versuchen Sie ihm zu vermitteln, dass Sie es trotz Wutanfall gerne mögen und dass es Ihnen vertrauen kann. Beruhigt es sich etwas, dann lassen Sie es erzählen, wie es sich fühlt. Denn Sie können sicher sein, dass es sich nicht wohl fühlt in seiner Haut. Erzählen Sie ihm, wie Sie sich fühlen, wenn Sie wütend sind. Was kann man tun, um dieses Gefühl loszuwerden? Was hilft uns, ruhiger zu werden, wenn wir „sauer" sind? Und aus welchen Gründen werden wir zu Recht wütend?

Malledaddeldudelei

Wenn Sie Kampfhähne in der Gruppe oder Ihre Kinder auffallend häufig schlechte Stimmung haben, lassen Sie sie Schimpfwörter erfinden. Strengstens verboten sind natürlich gängige Schimpfwörter oder Straßensprache. Erlaubt sind nur selbst erfundene Wörter wie „Du Malledaddeldudelei", „Faulpaulsack", „Gollewien", „Pudelzopf", „Putzliwutzli", „Wurzelknopf" oder „Strutzelbichs". Sie werden sehen, wie schnell Sie einen gackernden und friedlichen „Haufen" um sich haben.

Hilfreich kann auch eine „Klopp-Ecke" sein, in der ein wütendes Kind Kissen oder kleine Sandsäcke verhauen und treten kann. Diese Kissen oder Säcke darf das Kind gern nach Herzenslust beschimpfen (siehe oben). Die Kinder können sich auch aus zusammengeknüllten Zeitungen Bälle machen und diese „mit voller Wucht" an die Wand „knallen".

Das Schrei-Spiel

Ein Kind ist der Discjockey und darf Musik laut und leise einstellen. Die anderen tanzen dazu. Ist die Musik leise, tanzen sie ebenfalls fast lautlos, reden nicht, singen nicht und lassen auch die Füße leise sein. Wird die Musik lauter, dürfen sie dazu nach Herzenslust singen, schreien, hüpfen und umeinander laufen. Das hilft wirkungsvoll, Dampf abzulassen.
Haben Sie geräuschempfindliche Nachbarn, vereinbaren Sie mit ihnen gelegentliche „Schreizeiten".

5 Sich auf sich selbst verlassen

Nicht jeder ist ein Freund

DAS SOLLTEN SIE WISSEN

Immer wieder hören wir von sexuellen Übergriffen auf Kinder. Täglich werden nach aktuellen Polizeistatistiken in Deutschland mehr als 42 Kinder missbraucht – meist in den eigenen Familien, von Verwandten und Bekannten. In den Fällen, die in den Medien spektakulär aufbereitet werden, sind es in der Regel Fremde, die Kinder verschleppen, missbrauchen und töten. Der Missbrauch in der Familie bleibt oft unentdeckt, die Dunkelziffer muss erschreckend sein. Statistisch gesehen soll es dann bereits in jeder Grundschulklasse ein Kind geben, das Opfer sexueller Belästigung geworden ist. Weil Kinder zu den körperlich Schwächsten gehören, können sie sich nicht gegen erwachsene, aber seelisch kranke Männer wehren.

Während sich die Experten noch darüber streiten, ob die Fälle von Kindesmissbrauch nun wirklich zugenommen haben oder ob die Tatsache, dass wir immer öfter davon hören – das verstärkte Medienecho also – schuld daran ist, dass wir diesen Eindruck gewinnen, wollen wir „Normal-Erwachsenen" doch nur eines: die Kinder schützen.

Vielen Kindern fehlt das Selbstbewusstsein, um sich zur Wehr zu setzen – sowohl psychisch als auch physisch. Zu einem realistischen Weltbild bei den Kleinen gehört leider auch, dass nicht jeder Mensch gut ist und es automatisch auch gut mit ihnen meint. Ein gesundes Misstrauen sowie Aufmerksamkeit gegenüber sich anbahnenden Gefahren muss ihnen ebenso wie körperliche Beweglichkeit beigebracht werden und, wenn möglich, Formen der Gegenwehr.

Gemeinsam sind wir stark

Erwachsene sind immer stärker als kleine Kinder. Deswegen sollten Kinder frühzeitig lernen, sich in ganz alltäglichen Situationen Hilfe zu holen. Eines muss klar werden: Ein Kind darf das unter allen Umständen. Denn manchmal neigen Kinder dazu, aus Angst vor Strafe ihrer Eltern oder anderer Erwachsener einfach stillzuhalten.
Sie stellen Ihrer Kindergruppe eine Reihe von schwierigen Aufgaben: Einen Karton voll Bücher aus dem Zimmer schieben, ein großes Tischtuch allein zu-

sammenfalten, den großen Staubsauger ins nächste Zimmer bringen, den Tisch verrücken, einen Erwachsenen aus der Tür zu schieben oder einen großen Korb mit Spielzeug tragen. Das erfordert eine Riesenanstrengung. Am besten bittet man andere Kinder um Hilfe und schon geht's besser.

Gefangen im Spinnennetz

Ein Kind hat sich in einem klebrigen Spinnennetz verfangen und kann sich allein nicht daraus befreien. Die anderen müssen ihm helfen. Dafür haben sie Mutproben zu bestehen, die die Spinne – ein anderes Kind – vorgibt. Zum Beispiel ein Lied vorsingen, beim Abwasch helfen, die Spielecke aufräumen, auf einem Bein durchs Zimmer hüpfen, zehn Minuten schweigen oder dergleichen.

Hundesocken, Kuhschlips, Schweineschwarte!

Sie brauchen ein ordentlich großes Stück Packpapier, auf das Sie mit bunten Stiften wie beim Mensch-ärgere-dich-nicht-Spiel einen Spielverlauf malen. Die Felder sollten so groß sein, dass ein Kind darauf hocken kann. Malen Sie manche Felder mit blauer und manche mit roter Farbe aus. Blau steht für Mut, Rot für bedrohliche Situationen. Nun bereiten Sie sich Kärtchen vor, die Aufgaben für die jeweiligen Felder darstellen. Wer auf ein blaues Feld kommt, darf ein blaues Kärtchen ziehen und muss beispielsweise erzählen, welche Dinge er nicht mag, wie er anderen in einer bestimmten Situation helfen würde, wo ihm von anderen geholfen wurde oder wohin er reisen würde, wenn er eine Traumreise gewonnen hätte. Wer auf einem roten Feld sitzt, soll beispielsweise erzählen, wann er das letzte Mal richtig Angst gehabt hat, wann er es mal mit einem richtigen „Blödmann" oder einer „Blödfrau" zu tun hatte, wann ihm jemand ein schlechtes Geheimnis anvertraute, oder er kann von seinem letzten schrecklichen Traum erzählen. Rote Karten dürfen allerdings auch wieder zurückgegeben werden. Dazu sagen Sie einen magischen Spruch, um das Kind zu schützen und zu entlasten – etwa:

„Hundesocken, Kuhschlips, Schweineschwarte, warte, warte noch ein Weilchen, rote Karte!"

Denn kein Kind soll sich gezwungen fühlen, etwas zu erzählen, was es nicht möchte.

Tipp:

Das „JEDEN-TAG-WERD-ICH-STÄRKER"-Buch

In ihr Buch sollten die Kinder nun auch Bilder von ihrem schönsten und ihrem schlimmsten Erlebnis hineinmalen. Können sie eine Situation zeichnen, in der sie Angst hatten oder in der sie ein Held oder eine Heldin waren? Was macht ihnen Angst, wo finden sie sich mutig? Natürlich dürfen sich hier auch ruhig Fantasie und Realität mischen.

Lass das, ich hass das!

Jeder Mensch mag andere Dinge. Jedes Kind kann beschreiben, was es gern und was es weniger gern mag. Welches sind seine Vorlieben und Abneigungen? In welcher Form mögen sie Zuneigung am liebsten? Lea mag gerne doll geknuddelt werden, Katie findet Streicheln schön, Nico badet gern mit seinem Papa und Kevin mag es überhaupt nicht, wenn ihn jemand außer Mama und Papa berührt.

Menschen können ihre Zuneigung auf unterschiedliche Art ausdrücken. Fast alle Kinder schmusen gern und genießen die zärtlichen Aufmerksamkeiten ihrer Eltern. Manche mögen es aber auch gar nicht – meist weil sie an schlechte Erfahrungen erinnern. Viele Erwachsene machen sich gar keine Gedanken darüber, dass man Kinder nicht einfach mit Zuneigungsbeweisen überfallen und sie berühren darf, wenn sie es gar nicht mögen – und sei es nur ein gut gemeintes Wangetätscheln. Das gilt insbesondere natürlich für Menschen, die nicht zur engeren Familie gehören.

Niemand muss solche Dinge zulassen, wenn er es nicht will – auch Kinder nicht. Sie müssen sich nicht von Menschen anfassen und küssen lassen, die sie nicht mögen.

Angst hat jeder, Angst macht schwach

Das Entsetzen über Kindesmissbrauch ist groß. Wir fühlen uns hilflos. Immerhin begegnen die meisten Opfer ihren Peinigern dort, wo sie sich eigentlich sicher fühlen sollten. Als Folge macht sich Angst breit. „Wie sollen wir die uns anvertrauten Kinder denn überhaupt noch schützen – schließlich sollen wir sie auch zu selbstständigen Menschen erziehen und müssen sie dennoch rund um die Uhr bewachen?", werden Sie sich sicherlich schon häufig gefragt haben.

Angst ist ein schlechter Ratgeber – zumindest für Erwachsene. Wollen wir Kinder wirklich bis auf die Toilette überwacht aufwachsen lassen? Wollen wir ihnen vermitteln, dass das Überleben nur durch lückenlose Überwachung möglich ist? Nein. Kinder brauchen Freiräume, um sich entwickeln zu können. Nur wer früh lernt, auch Teile seines Alltags auf sich allein gestellt meistern zu können, kann später selbstbewusst durch das Leben gehen.

Gerade Selbstbewusstsein ist wichtig, damit Kinder keine Opfer werden. Kriminologische Forschungen haben unter anderem gezeigt, dass Kinder, die selbstbewusst auftreten, seltener von Tätern als potenzielle Opfer ausgewählt werden als ängstliche

Kinder. Kinder brauchen überdies klare Handlungsvorgaben, damit sie wissen, wie sie eine Gefahrensituation erkennen und angemessen reagieren können. Das werden sie aber nur tun, wenn sie sich trauen.

Schändliche Geheimnisse

Es kommt also vor, dass Erwachsene mit Kindern machen, was denen nicht gefällt und was alles andere als gut für sie ist. Dabei muss nicht immer Gewalt im Spiel sein. Denn Kinder kann man auch mit Drohungen oder Liebesentzug dazu bringen, Dinge zu tun oder Grenzverletzungen zu dulden. Oft werden den Kindern auch Geschenke versprochen, das Vorgefallene als Geheimnis deklariert, das nicht weitererzählt werden darf, oder damit gedroht, dass Mama und Papa für den Fall des Ausplauderns krank werden, nicht wiederkommen oder sterben. Täter nutzen es für ihre egoistischen Absichten aus, wenn Kindern zu wenig Aufmerksamkeit, Lenkung, Anleitung, Zuwendung und Zuneigung zuteil wird.

Kinder lieben Geheimnisse. Machen Sie sie deshalb mit dem Unterschied zwischen guten und schändlichen Geheimnissen vertraut. Gute Geheimnisse bereiten Freude, schlechte Geheimnisse machen Angst. Ein Kind fühlt sich allein gelassen und überfordert mit einem schlechten Geheimnis und instinktiv weiß es, dass es sich anderen mitteilen sollte. Schlechte Geheimnisse darf und muss man weitererzählen, ohne dass das Petzen ist. Sammeln Sie mit den Kindern Beispiele für gute und schlechte Geheimnisse. Woran erkennen sie sie? Wie bewerten sie sie? Was kann man gegen schlechte Geheimnisse tun? Machen Sie den Kindern klar, dass Sie jederzeit ein offenes Ohr haben und dass keinerlei Strafe zu erwarten ist, auch wenn die Kinder zunächst das Gefühl haben, sie selbst hätten etwas falsch gemacht.

Kinder sind in der Lage zu lernen, sich zu wehren. Auch wenn sie einem erwachsenen Angreifer körperlich unterlegen sind, gibt es einige Dinge, die im Notfall hilfreich sein können. Wichtig ist es in erster Linie, dass sie selbstbewusst genug auftreten, um zu verstehen und nicht einfach hinzunehmen, was mit ihnen passiert.

Mancherorts gibt es Kurse für die ganz Kleinen, in denen sie stoßen, zupacken und treten lernen sollen. Der Sinn von Selbstverteidigung für so kleine Kinder ist allerdings umstritten. Denn sie können sich körperlich nicht wirklich wehren – schon wegen der Größen- und der Kraftverhältnisse. So kann etwa der Ratschlag, einen Angreifer in die Hoden zu treten, schon für Erwachsene eine gefährliche Kettenreaktion auslösen. Denn man mobilisiert ja unter Umständen mörderische Kräfte in dem getretenen oder gestoßenen Seelenschwächling.

Was Kinder jedoch lernen können, ist ihre Bewegungs- und Widerstandsfähigkeit zu trainieren, damit sie im Notfall weglaufen oder Stürze abfangen können. Lernen sollten sie eine aufrechte Körperhaltung und eine eindeutige Körpersprache. Sie sollten den Blickkontakt mit dem Täter aufnehmen und sich nicht innerlich wegducken. Das ist für Mädchen ganz besonders wichtig, weil viele immer noch lernen, vorwiegend lieb und nett zu sein. Sie ordnen sich oft bereits im Kindergarten unter und können sich nicht richtig behaupten. So haben sie es auch später schwerer, sich gegen andere Mädchen oder zudringliche Jungen abzugrenzen.

Ich hör auf meinen Bauch

Prävention heißt das Schlüsselwort der modernen Erziehung. Selbstvertrauen und Abgrenzung sind zwei ihrer Säulen. Diese Eigenschaften eignen sich Kinder vor allem auch im Spiel und durch Alltagsregeln an. Bieten Sie ihnen deshalb so oft wie möglich die Gelegenheit, durch Spiele und Geschichten in gefahrenvollen Situationen ihre Handlungsmöglichkeiten zu erproben. Sie sollen lernen, auf ihren Bauch zu hören, ihre Bedürfnisse und Gefühle zu äußern, ihre Intuition und ihr Gespür als Frühwarnsystem zu nutzen.

Rache mit Ei

Es war einmal ein Hahn,
der gab entsetzlich an.
Es sprach sein Weib, das Huhn:
„Hör auf, so groß zu tun!"
Drauf sprach der Hahn voll Güte:
„Schweig, Dummerle, und brüte!"
Das Huhn jedoch, das Huhn,
ließ dieser Fall nicht ruhn.
Und schon beim nächsten Kikriki,
da flog das erste Ei – und wie! –
dem Gockel voller Lust
an seine stolze Brust.
„Hier hast du deine Eier!",
riefs Huhn und fühlt sich schon viel freier.

Roswitha Fröhlich

Wir erkunden den Weg zum Kindergarten

Wenn Ihre Kinder schon allein zum Kindergarten gehen, sollten sie dieses möglichst mit anderen Kindern zusammen tun. Sie können einzelne Wege gemeinsam abgehen und erkunden, zu welchen Anlaufstellen – etwa Geschäfte, Cafés oder Behörden – die Kinder gehen können, wenn sie sich verfolgt oder bedroht fühlen. Vielleicht können Sie auch in diese Anlaufstellen hineingehen, die Menschen dort und Ihre Kinder miteinander bekannt machen. Das gibt Ihren Schützlingen Sicherheit, weil die mögliche Hilfe ein Gesicht bekommt, weil dies menschliche Beziehungen schafft und auf der anderen Seite auch die Erwachsenen ermahnt, ein wachsames Auge auf unsere Kinder zu halten. Die Kinder sollten früh lernen, pünktlich zu sein und unterwegs nicht zu trödeln, damit man sich auf sie verlassen kann. Sonst bemerken die Erwachsenen im Notfall zu spät, dass etwas passiert ist.

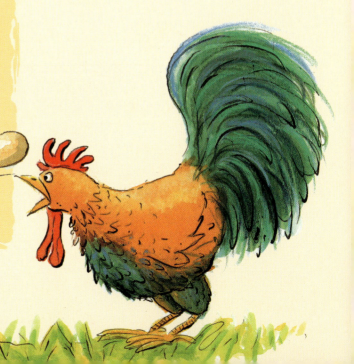

Raus aus meinem Hexenkreis!

Man sagt allgemein, dass der Mensch instinktiv sinnbildlich mehrere Kreise um sich zieht. In den inneren Kreis – also die Intimsphäre – lässt man nur Menschen, die man besonders gerne mag und die einem nahe stehen, meist also die engere Familie. Je nachdem, welches Verhältnis man zu einem Menschen hat, wird er den weiter entfernten Kreisen zugeordnet. Wenn jemand diese Grenzen überschreitet und uns zu nahe kommt, ist uns das unangenehm bis bedrohlich. Und es gibt Menschen, die halten sich einfach nicht an diese unausgesprochenen Regeln. Sie übertreten den Kreis, der ihnen zusteht, unerlaubt und bringen uns dadurch in Bedrängnis. Dagegen müssen wir uns wehren.

Dazu kann man zum Beispiel einen Hexen-Schutz-Kreis um sich ziehen, wie die guten Hexen es tun. Dazu kann man einen Kreis aus Steinen, Blumen, Murmeln oder sonst irgendetwas um sich legen. In diesem Kreis darf ein Kind sich völlig allein aufhalten, denn es ist ja sein Schutz-Kreis. Kein anderes Kind sollte ihm diesen Kreis streitig machen. Allenfalls „geladene Gäste" sind erlaubt.

Wasser marsch!

Bei einem anderen Hexen-Kreis-Spiel werden mehrere Kreise gezogen – ein kleiner in der Mitte (Durchmesser etwa 1,50 Meter), dann einige weitere darum herum. In der Mitte steht die kleine Hexe oder der Hexenmeister mit einer mit Wasser gefüllten Spritzpistole oder einem Blumenspritzer in der Hand. Auf dem äußersten Kreis verteilt lauern die Angreifer. Sie haben jeweils eine Flasche neben sich aufgestellt, auf der ein kleiner Ball liegt. Für jeden Ball hat das Hexen-Kind in der Mitte fünf „Schuss". Fliegt der Ball von der Flasche, ist der Angreifer erledigt. Schafft das Kind es nicht mit fünf Schuss, darf der Angreifer, in den nächsten Kreis vorrücken. Gelingt es einem Angreifer, in den zweiten Kreis vorzudringen, räumt das Kind in der Mitte seinen Platz. Jedes Kind darf einmal in der Mitte stehen und spritzen. Nach dem Spiel sollten Sie mit den Kindern über ihre Gefühle dabei sprechen. Für manche wird es logischerweise ziemlich bedrohlich, wenn sie ihre Angreifer nicht unter Kontrolle bekommen.

Feuer! Hau ab!! Verzieh dich!!!

Kindern sollte es klar sein, dass sie auf keinen Fall zu Fremden ins Auto steigen oder mit irgendwohin gehen dürfen. Auch nicht, wenn der behauptet, die Eltern hätten ihn geschickt oder den Eltern wäre etwas passiert. Was die Kinder lernen können: Aus voller Kehle schreien, wenn sie sich bedroht fühlen. Oder irgendetwas Unerwartetes tun, das erregt am meisten Aufmerksamkeit – den Brotbeutel an die Wand werfen, den Ball an den Kopf des anderen knallen. „Verzieh dich!" oder „Feuer!" schreien und auf alle Fälle ordentlich Lärm veranstalten. Die Kinder sollten sich auch nicht scheuen, andere Erwachsene um Hilfe zu bitten. Dabei empfiehlt es sich, einzelne Menschen gezielt anzusprechen, da sie sich dann auch verantwortlich fühlen. Man hat festgestellt, dass Erwachsene sich in der Masse beschämenderweise nicht zur Hilfe aufgerufen fühlen.

Mein Nein gehört mir

Bereits kleine Kinder fürchten sich vor sexuellem Missbrauch. Fast 60 Prozent der sechsjährigen Mädchen und fast 50 Prozent der Jungen in diesem Alter haben Angst, Opfer eines Sittlichkeitsverbrechens zu werden. Und das in einer Lebensphase, in der sie eigentlich unbeschwert sein und behutsam an die Realität des Lebens herangeführt werden sollten.

Eine aktuelle Studie über die Ängstlichkeit von Kindern zeigt, dass Kinder ihre Umwelt und die Medienberichterstattung sehr aufmerksam wahrnehmen. Mit dieser Furcht dürfen sich nicht allein gelassen werden. Und wir müssen schauen, dass wir ihren Bewegungsfreiraum nicht über die Gebühr einschränken. Wir müssen ihnen immer wieder die Möglichkeit geben, über ihre Ängste und Befindlichkeit reden zu können. Sie müssen wissen, dass sie jederzeit über ihre Erlebnisse, Kümmernisse und Sorgen mit Menschen ihres Vertrauens sprechen können. Und das müssen eben nicht zwangsläufig die Eltern sein. Deshalb sind Sie als Erzieherin auch so immens wichtig.

Die Kinder müssen lernen, dass sie in Situationen, in denen sie sich bedroht fühlen, ein klares „Nein" sagen dürfen. Auch Erwachsenen gegenüber. Kein Mensch – weder Bekannter noch Fremder – darf ein Kind verletzen. Kinder, die im Alltag Respekt erfahren, haben erfahrungsgemäß weniger Ängste und sind wehrhafter.

Der Nein-Tag

An diesem Tag dürfen die Kinder zu jedem und allem „Nein" sagen, was ihnen nicht gefällt. Gemeinsam wird auch darüber gesprochen, warum ihnen etwas nicht gefällt. Denn sie müssen es lernen, dass es Unterschiede gibt: So müssen sie ja sehr wohl im Rahmen ihrer häuslichen Gemeinschaft Dinge tun, die ihnen missfallen – etwa ihre Spielsachen aufräumen oder in Haushalt und Garten etwas helfen. Sie können aufmalen, was ihnen nicht gefällt, was ihnen zu nahe kommt und wozu sie keine Lust haben.

Die Angst der Eltern vor dem Nein

Dass Kinder sich abgrenzen lernen müssen, ist sicher allen Beteiligten klar. Auf der anderen Seite fürchten sich die Eltern davor, dass ihr Kind zu eigensinnig wird und am Ende zu allem „Nein" sagt, was es lernen oder tun soll. Verständlicherweise, denn wer will sich schon einen kleinen Hausdrachen heranziehen, der nur das tut, was ihm in den eigenen Kram passt und damit die ganze Familie tyrannisiert?

Es liegt auf der Hand, dass die Eltern ebenso wie Sie im Umgang mit den Kindern Grenzen ziehen müssen. Doch ein Leben ohne Grenzen bringt die Kinder in die größte Unsicherheit. Sie können sich erst dann verlässlich orientieren, wenn sie sehr genau wissen, was sie tun dürfen und was nicht, was gut und böse, richtig und falsch ist. Deswegen sollten Sie im Gespräch mit den Eltern für klare Regeln plädieren, die sie an Schnittstellen miteinan-

der abstecken. Viele Eltern sind ja selbst verunsichert und glauben, dass eine gewisse Strenge und Konsequenz schädlich für die Kinder seien. Freiraum ohne Grenzen ist für Kinder genauso schädlich wie Grenzen ohne Freiraum. Und so bleibt die Sache mit dem Nein eine Gratwanderung, die Eltern und Erzieher gemeinsam bewältigen müssen. Auf alle Fälle ist es wichtiger, sich ein wehrhaftes und vielleicht unbequemeres Kind zu erziehen als ein angepasstes, das sich in Gefahr nicht traut, sich selbstbewusst zu schützen.

Trau dich
Volker Ludwig, Birger Heymann

Trau dich! Trau dich!
Auch wenn du erst fünfe bist!
Trau dich! Trau dich!
Auch Große machen Mist!
Glaub nicht, was du hörst,
wenn du sie mit Fragen störst.
Trau dich! Trau dich!
Bis du was erfährst.

Trau dich! Trau dich!
Andern gehts genauso schlecht.
Trau dich! Trau dich!
Kämpft um euer Recht!
Tretet für einander ein,
dann könnt ihr bald viele sein.
Trau dich! Trau dich!
Du bist nicht allein.

6 Sinnenfreude erleben und leben lernen

Im Paradies der Sinne

DAS SOLLTEN SIE WISSEN

Unsere Nahrung ist unser Treibstoff, den wir für körperliche und seelische Gesundheit brauchen. Einerseits wird es immer einfacher, sich zu ernähren. Andererseits leiden immer mehr Kinder unter Mangelerscheinungen, weil sie sich nur noch von Fast Food und „Dosenfutter" ernähren. Industriellen Nahrungsmitteln sind jedoch oft sämtliche natürlichen Inhaltsstoffe und Aromen entzogen, sodass ihnen nachträglich wieder künstliche Vitamine und Geschmacksstoffe zugesetzt werden müssen. Es ist in verschiedenen Untersuchungen festgestellt worden, dass bei Kindern, die so ernährt werden, der Geschmack derart verbildet ist, dass sie mit natürlichem Duft und Geschmack beim Essen gar nichts mehr anzufangen wissen. Sie sind nach künstlichen Aromen fast schon süchtig.

Dieser Mangel kann weitreichende ernsthafte gesundheitliche Folgen nach sich ziehen und ebenfalls dafür sorgen, dass Kinder zu schwach sind, um sich dem Leben zu stellen. Jedes fünfte Kind leidet bereits unter einer chronischen Erkrankung, bei der letztlich ein angeschlagenes Immunsystem die Ursache ist – wie Asthma, Allergien, Neurodermitis, Migräne oder Essstörungen. Die durch falsche Ernährung bedingte Diabetes – normalerweise ein Altersleiden – nimmt bei Kindern epidemische Ausmaße an. Ein Kind, das nicht ausreichend Nährstoffe, Vitamine und Mineralien erhält und sich nicht genügend bewegt, kann sich nicht richtig entwickeln. Auch das wirkt sich logischerweise auf Selbstvertrauen und Selbstbewusstsein aus.

Die meisten Kinder essen gern. Denn normalerweise macht Essen auch Spaß und ist ein angenehmes so-

ziales Ereignis innerhalb der Familie oder des Freundeskreises. Doch in den meisten Familien wird leider nicht mehr regelmäßig frisch gekocht und nicht mehr zusammen gegessen. Wie ein Mensch isst und welche Anlagen er daraus entwickeln kann, das bestimmt aber die Anregung im frühen Kindesalter. Bieten Sie Ihrer Gruppe deshalb auch in dieser Hinsicht eine Menge Anregungen an, um möglichen Defiziten im Elternhaus entgegenzusteuern. Schönes Essen fördert nicht nur Gesundheit und soziale Integration, sondern auch die Sinnlichkeit und die Lebensfreude.

Der Riech- und Schmeckgarten

Sie brauchen verschiedene Dinge, die gut duften:
- etwas Obst wie eine frische Ananas, Orangen, Erdbeeren, Bananen
- verschiedene frische Kräuter wie Basilikum, Rosmarin, Petersilie, Dill, Pfefferminze, Thymian
- einige Gemüsearten wie Sellerie, Zwiebeln, Paprika, Strauchtomaten, Petersilienwurzeln
- Gewürze wie Zimt, Curry, Paprika, Muskat

Nun werden den Kindern der Reihe nach die Augen verbunden und die duftenden Dinge unter die Nase gehalten. Lassen Sie sie schnuppern und raten, was sie da riechen. Anfangs werden sie höchstwahrscheinlich die wenigsten Düfte kennen. Dann sollten sie versuchen zu beschreiben, was sie riechen und was den Dingen, die sie kennen, ähnelt. Nach und nach können Sie die Kinder auch an den Geschmack der Lebensmittel und Gewürze heranbringen. Wenn Sie die räumlichen Möglichkeiten haben, veranstalten Sie vielleicht gemeinsam mit den Eltern und Kindern einmal eine Art Kochkurs. Möglicherweise haben Sie in der Nähe auch eine Kochschule oder einen kinderlieben italienischen Wirt, der Ihnen dabei behilflich ist. Klären Sie sie dabei über Vorurteile gegenüber bestimmten Speisen auf.

Markttag

Sicher haben Sie an Ihrem Ort einen Markt (oder schöne Obst- und Gemüsegeschäfte). Machen Sie mit Ihren Schützlingen regelmäßig Ausflüge dorthin. Viele Kinder wissen gar nicht mehr, dass es einen Markt gibt und dass Obst und Gemüse eine Saison haben. Sie kennen nur Super- oder Großmarkt. Ihre Kinder sind hier Geruchsdetektive und sollen Ihnen berichten, was sie alles so riechen. Sie notieren das und später zeichnen die Kinder auf, was sie gerochen haben. Was duftet besonders appetitlich und anregend? Riecht frisches Fleisch? Welches Gemüse duftet am aufregendsten? Was schnuppern sie an der Käsetheke? Woran denken sie beim Duft von frisch Gebackenem? Am schönsten wäre es, wenn Sie etwas einkaufen und mit den Kindern kochen könnten. Wichtig ist auch, dass der Tisch schön gedeckt ist und dass sich alle in Ruhe zum Essen setzen.

Tipp:

Mein „JEDEN-TAG-WERD-ICH-STÄRKER"-Buch

Jedes Kind kann vor und nach Ihren Riech- und Marktexperimenten seine Lieblingsspeisen und diejenigen, die es gar nicht mag, in sein Buch zeichnen. Die Kinder können auch aus alten Zeitschriften Bilder von Gerichten ausschneiden und sie in ihr Buch in die Rubriken „Das mag ich, das mag ich nicht" einkleben. Dafür eignet sich übrigens auch eine große Plakatwand im Kindergarten.

Meine Suppe ess ich nicht ... oder gleich zweimal

Fachleute schlagen Alarm: Immer mehr Kinder leiden unter Essstörungen. Bereits bei der Einschulung gelten 70 Prozent als fehlernährt. Sie sind entweder übergewichtig oder viel zu dünn. Normales Essverhalten ist bei vielen Kindern nicht mehr an der Tagesordnung.

Dicke Kinder haben dabei doppelt zu kämpfen: einmal mit ihrem körperlichen Unwohlsein und zum anderen mit dem Spott, den sie vor allem unter Gleichaltrigen ernten. Kinder, die zu dünn sind – manche halten aus „Schönheitsgründen" schon im Kindesalter Diät – fallen dagegen fälschlicherweise eher positiv auf. Deswegen ist es noch schwerer, etwas gegen Untergewicht zu bewegen. Magersucht ist eine der schlimmsten Krankheiten bei Teenagern. Bei jedem siebten betroffenen Jugendlichen führt sie zum Tod. Es ist deshalb von Bedeutung, dass Sie auch Ihre eigene Einstellung zu extremer Schlankheit überprüfen.

Fast jedes vierte Kind im Kindergartenalter ist ein Pummelchen. Sicher haben Sie in Ihrer Gruppe auch einige davon. Sie leiden vor allem unter einem Vorurteil: Es sind keine besonders willensschwachen oder gierigen Kinder. Es liegt an dem, was ihnen zu Hause an Nahrung angeboten wird:

- Es kommt zu oft Fleisch und Wurst – und damit zu viel Fett – auf den Tisch.
- Es wird zu viel zwischendurch gegessen. Snacks und Knabbereien sind sehr kalorienreich. Amerikanische Kinder decken ein Viertel ihres Kalorienbedarfs durch ernährungsphysiologisch wertlose Snacks. Das ist auch bei uns zu erwarten.
- Kinder trinken zu viele gesüßte Getränke. Auch Light-Getränke machen am Ende dick.
- Kalorienreiche Tiefkühlpizza hat gesunde, frisch gekochte Spaghetti (etwa mit frischer Tomatensoße) abgelöst, weil dies für Mama einfacher ist.
- Es gibt zu viel Kuchen und Süßes. In vielen Familien mit Kindern täglich und mehrmals!

Doch die wachsende Zahl von dicken Kindern ist auch noch auf eine ganz andere Ursache zurückzuführen. Die Kinder gehen zu wenig zu Fuß, sehen zu häufig fern und sind allgemein viel zu faul. Elektronisches Gerät im Kinderzimmer erhöht eindeutig das Übergewicht. Eine aktuelle Studie der Bertelsmann-Stiftung ergab: Nur eine Viertel- bis eine halbe Stunde am Tag bewegen sich die meisten Kinder wirklich. Und das ist viel, viel zu wenig.

Kinder können grausam sein

Dicke Kinder gelten völlig unabhängig von ihren wirklichen Fähigkeiten und Persönlichkeitsmerkmalen als Verlierer. Sie werden von ihren Altersgenossen mit allerlei unschönen Ausdrücken bedacht, von denen „Fettsack" wohl noch einer der harmlosesten ist. Was bei ganz kleinen Kindern noch als Pummelchen oder Wonneproppen durchgeht, ist als Kindergartenkind heute bereits ein Versager, weil Dicksein auch mit bestimmten negativen Charaktermerkmalen belegt wird. Grausame Hänseleien sind die Folge, denn Kinder haben auch noch keine Schamgrenzen, und Mitgefühl müssen sie erst lernen. Es liegt auf der Hand, dass dies das Selbstwertgefühl in einem unvorstellbarem Maß untergräbt. Lassen Sie solche Hänseleien nicht zu, sondern versuchen Sie lieber unmerklich, den betroffenen Kindern zu mehr Bewegung und anderem Essen zu verhelfen. Bestimmt sind auch „Ihre" Eltern dankbar für Tipps.

Nein danke, ich mag nicht mehr

Früher war es üblich, dass Kinder ihren Teller leer essen mussten, obwohl sie nicht mehr konnten. Die natürliche Essbremse von Kindern wurde dabei gnadenlos überstimmt. Wenn sie gezwungen werden, darüber hinaus zu essen, verlernen sie es, „nein" zu sagen, und sie verlieren das Gefühl dafür, wann es ihnen genug ist. Kinder sollten aber wissen, dass sie ihrem Körper vertrauen können. Sie sollten – wie bereits gesagt – seine Signale ernst nehmen und keine Angst davor haben, „nein" zu sagen.

Das große Nein im Supermarkt

Die Kinder machen mit Ihnen einen Ausflug in den Supermarkt. Vorher listen Sie gemeinsam alles auf, was sie besonders gerne mögen. Was ist das alles? Was genau verlockt sie daran so? Und warum macht es sie so an, es sich gleich mitzunehmen? Könnte es sein, dass dahinter eine bestimmte Absicht steckt? Die Supermärkte arrangieren ihre Waren bekanntlich so, dass Kinder während der Wartezeit an der Kasse automatisch zu den Süßigkeiten greifen. Viele Mütter dulden das, weil sie kein Geschrei an der Kasse wollen. Gehen Sie durch den Supermarkt und erklären Sie all den aufgelisteten Dingen das große „Nein" für diesen Tag.

Sucht kommt auch von Sehnsucht

Der Drogenkonsum unter Kindern und Jugendlichen hat in erschreckendem Maß zugenommen. Ecstasy und Haschisch gehören für viele Heranwachsende zum Alltag. Jeder dritte Schüler – und dazu gehören auch „die Kleinen" – zählt sich heute nach einer aktuellen Untersuchung schon selbst zu den Dauerkonsumenten. Der Einstieg in den Drogenkonsum geschieht heute früher als jemals zuvor.

Schon acht- bis zehnjährige Kinder greifen zum Glimmstängel. Jeder dritte Schüler raucht. Bundesweit sind knapp dreißig Prozent aller Schüler und Schülerinnen zwischen zehn und zwölf Jahren Raucher. Eine halbe Milliarde Mark investieren sie in den blauen Dunst. Die Lehrer fühlen sich machtlos, weil die Suchtprävention viel zu spät einsetzt. Nutzlos ist sie dann ganz besonders, wenn im Hause der Eltern geraucht oder den Kinder bereits in diesem Alter das Rauchen erlaubt wird. Auch andere Süchte sind allgegenwärtig: Kaufsucht, Diätsucht, Spielsucht, Computersucht und sogar schon Internetsucht. Also sind Kinder auch vermehrt mit den Süchten ihrer Eltern konfrontiert.

Insofern hat sich für die Erziehenden eine entscheidende Veränderung ergeben: Es gibt keine Welt ohne Drogen mehr. Wir können Kinder nicht mehr vor dem bloßen Kontakt schützen. Wir müssen sie stark machen, ihnen zu widerstehen. Ziel der Suchtprävention im Kindergarten muss sein, Kinder zu starken, lebensbejahenden Geschöpfen zu erziehen, die keinerlei Sucht als Krücke für ihr Wohlbefinden benötigen.

Früher gab es selbst für den Drogenkonsum Rituale

Drogen und Räusche gibt es seit Menschengedenken. In allen Kulturen sind Rauschdrogen bekannt, zumeist ursprünglich pflanzlicher Herkunft. Doch früher war der Konsum fast immer in die Regeln des Gemeinwesen eingebettet, nicht selten begleitete er religiöse Zeremonien. So fand er unter Aufsicht und abgesichert durch feste Abläufe statt. Heute schützen keine einschränkenden Rituale mehr junge Menschen. Sie sind sich selbst und den immensen Risiken der Drogen überlassen.

> **Buchtipp:**
>
> *Andreas Robra*
> *Das Sucht-Spiel-Buch*
> *Spiele und Übungen zur Suchtprävention in Kindergarten, Schule, Jugendarbeit und Betrieben*
> *Edition: gruppe & spiel, 1999*

Spiele, die Kinder stark machen

Folgende Spielideen und -ansätze stammen aus verschiedenen Fortbildungen für Erzieherinnen in Kindergärten. Kinder brauchen:

- **Anerkennung:** Kreisspiele wie „Bello, Bello", „Teddybär", „Klopfe, klopfe, Hämmerchen", „Mach es gerade so wie ich"
- **Lob:** Ausstellung der selbst gemalten Bilder, Ideenwettbewerbe, gute Konfliktlösungen würdigen
- **Bestätigung:** Memory, Puzzle, Hör-Spiele, Kreisspiele, Wettspiele
- **Eigeninitiative:** Ziele selbst formulieren lernen, anregendes Material anbieten, Ideen der Kinder aufgreifen, Probleme angehen, bei der Umsetzung helfen
- **Freiraum:** innerhalb eines gesetzten Rahmens die Kinder selbst entscheiden lassen, was sie tun wollen, ihre Meinung akzeptieren und tolerieren; Räumlichkeiten so gestalten, dass sie unterschiedliche Möglichkeiten bieten, ihre Freiräume zu nutzen
- **Freunde:** Kennenlernspiele wie „Mein rechter Platz ist leer", „Schüttel mal die Hand, die Hand des anderen", „Hänschen, piep einmal", Partnerspiele wie zum Beispiel „Liebe Schwester, tanz mit mir", Staffelspiele, Ballspiele, alle Spiele, die man nicht allein spielt, Gesellschaftsspiele, Vertrauensspiele
- **glaubwürdige Vorbilder:** da stehen die Erzieherinnen in der ersten Reihe, indem sie mitspielen und sich einbringen, vertrauensbildende Bewegungsspiele, Memory, alle Regelspiele
- **Sinnenfreude:** Schlüsselhonig, Wackelpudding, Der dicke Brummer an der Wand, Das kleine Tier, Pizza-Massage
- **harmonische Umwelt:** Fühlstraße, Riechstraße, Entspannungsspiele, Raumausstattung
- **Lebensziele:** Spiele verlieren können (kurze Spiele, Zufallsspiele), sich an Regeln halten (Guten Tag sagen, pünktlich sein, nicht unterbrechen, wenn jemand spricht, Bescheid sagen, wenn sie auf die Toilette gehen), versuchen, Probleme erst einmal selbst zu lösen
- **Sicherheit:** Verlässlichkeit über Regeln und Rituale, Regelspiele. Dafür sorgen, dass kein Kind ohne Betreuung morgens und abends vor dem Kindergarten steht, persönliche Begrüßung jedes einzelnen Kindes am Morgen, die Kinder die persönliche Nähe spüren lassen. Versprochenes auch durchführen.

Auch Kinder leiden unter Stress

Immer häufiger zeigen Kinder eindeutige Stresssymptome. Sie haben Schwierigkeiten, sich zu konzentrieren, sind zappelig und nervös, können nicht zur Ruhe kommen, viele leiden unter Schlafstörungen, Kopfschmerzen, Bauchweh, Essstörungen und sogar depressiven Verstimmungen. Auffällig sind auch Verhaltensänderungen. Stress bei Kindern entsteht, wenn sie sich überlastet fühlen. Einige Kinder sind davon stärker betroffen als andere.

Logischerweise entsteht Stress bei Kindern in erster Linie durch das Verhalten von Erwachsenen und Situationen, in die sie ihre Kinder und Schützlinge bringen. Überforderung und Unterforderung, zu viele unterschiedliche Aktivitäten, aber kein Freiraum zum Spielen, zu große Gruppen, zu viel Lärm, familiäre Belastung (Scheidung, Arbeitslosigkeit, Alkoholprobleme eines Elternteils, Todesfälle) – all das stellt hohe Anforderungen an die Anpassungsfähigkeit von Kindern und kann sie sehr unter Druck setzen. Die „Stressfähigkeit" ist auch schon bei Kindern unterschiedlich ausgeprägt. Kinder, die ihre eigenen Gefühle spüren, zeigen und ausdrücken können, kommen erfahrungsgemäß besser mit Stress zurecht als andere.

Regentanz

Ein Kind legt sich auf den Bauch, Arme locker zur Seite. Auf jede Seite hocken sich jeweils zwei andere Kinder. Sie ballen ihre Fäuste und beginnen wie langsam fallender Regen sanft auf den Rücken zu trommeln. Überall fällt der Regen. Langsam steigert er sich zum Regenguss. Kreuz und quer prasseln die Regentropfen auf das liegende Kind ein. Schließlich lässt der Regen langsam wieder nach und geht ganz vorsichtig zu Ende. Nach einer kleinen Ruhepause ist das nächste Kind mit dem Regentanz dran. Das macht den Körper schön warm und entspannt unruhige Geister.

Bärentatze

Jedes Kind braucht einen Tennisball, einen Flumi oder einen Schaumstoffball. Mit dem nackten Fuß versuchen die Kinder den Ball zu krallen, denn ihr Fuß ist eine Bärentatze. Die Bärentatze rollt den Ball rauf und runter.
Besonders begabte Bären können den Ball (sofern er klein genug ist) mit der Tatze etwas anheben oder in der Fußwölbung verstecken, ohne ihn zu verlieren. Eine bärenstarke Leistung, die Ruhe und Konzentration fördert.

Sonne, Mond und Sterne

Die Kinder bilden Paare und hocken sich hintereinander hin. Das hintere Kind malt dem vorderen einfache Motive auf den Rücken. Das muss sich sehr konzentrieren, um herauszufinden, was sich auf seinem Rücken abspielt: Sonne, Mond, Sterne, Hund, Katze, Maus ...? Nach fünf Zeichnungen wird gewechselt. Das fördert die Aufmerksamkeit.

Seifenblasen zum Träumen

Auch dieses alte Spiel hat nichts von seiner Faszination verloren. Sie brauchen keine fertigen Seifenblasen, sondern können aus 40 g Schmierseife, 60 g Glycerin und einem Liter Wasser mit dem Schneebesen selbst eine solche Flüssigkeit mischen. Meist funktioniert es auch ganz einfach mit Spüliwasser. Verwenden Sie, wenn möglich, etwas angewärmtes Regenwasser. Ansonsten müssen Sie wegen der unterschiedlichen Härte des Leitungswassers mit den Mengen etwas experimentieren. Nun nehmen Sie Strohhalme, die Sie an den Enden ein klein wenig aufschlitzen, damit es besonders schöne Blasen gibt. Den Strohhalm kurz ins Wasser tauchen und dann vorsichtig Luft hindurchblasen, der Strohhalm muss etwas nach oben gerichtet sein, damit die Blasen dann auch in die Luft fliegen können. Je vorsichtiger geblasen wird, umso größer können die Blasen werden. Wem gelingen die schönsten Blasen? Welche Farben haben sie? Wie bläst der Wind? Wie sieht der Himmel aus? Welche Wünsche geben die Kinder den Traumblasen mit auf den Weg?

Das Roboter-Spiel

Die Kinder formieren sich zu Dreiergruppen. Eines ist der Ingenieur, die anderen zwei sind Roboter. Die Roboter stehen zunächst Rücken an Rücken. Nach einer sanften Berührung ihres Ingenieurs beginnen sie sich zu bewegen. Die Roboter laufen wie Roboter eben laufen – steif und stur immer geradeaus, bis sie an ein Hindernis stoßen. Der Ingenieur lenkt sie, indem er sie kurz auf die rechte oder linke Schulter tippt, dann machen sie einen 90-Grad-Schwenk in diese Richtung. Am Ende sollen die beiden Roboter nebeneinander stehen mit dem Gesicht in dieselbe Richtung. Da hat der Ingenieur aber ganz schön viel zu tun und zu koordinieren. Danach ist Rollentausch. Jedes Kind sollte einmal Roboter gewesen sein.

7 Zuwendung und Liebe - für Geld nicht zu haben

Alles macht auf „dicke Tasche"

DAS SOLLTEN SIE WISSEN

Kinder drücken sich heute nur noch selten sehnsüchtig an einer Schaufensterscheibe „die Nase platt", wenn sie sich etwas wünschen. Schnelles Besitzenwollen ist heute an der Tagesordnung. Hoffen, Bangen, Vorfreude bleiben auf der Strecke. Schon Kindergarten-Kinder stehen als vollwertige Mitglieder der Konsumgesellschaft da. Sie tauchen als Zielgruppe in Verbraucheranalysen und Marketingkonzepten auf, als Models in der Werbung. Ihr Vermögen zählt. Insgesamt verfügen Kinder heute über eine Kaufkraft von etwa 8 Milliarden Euro. Taschengeld und zusätzliche Zuwendungen machen es möglich. Konsumiert wird sofort, warten ist nicht angesagt. Wer nicht die richtigen Sachen besitzt oder trägt, gehört nicht dazu. „Kinder ohne Handys stehen im Abseits" – meldete kürzlich die Deutsche Presse Agentur. Nie war es so schwer für Kinder, anders zu sein, als heute. Denn „auf dicke Tasche machen" – wie Jugendliche es nennen – gilt heute mehr denn je.

Nur wer besitzt, ist etwas

Mit Geld kann man keine Liebe kaufen und auch keinen Charakter. Andere Werte, die Freude bringen, können sich die Kinder oftmals gar nicht mehr vorstellen. Materielle Dinge spielen – so die Forschung – eine große Rolle für sie. Besondere Sympathie-Punkte erntet der Elternteil, der dem Kind viel schenkt oder kauft. Materielle Zuwendung steht bei vielen Kindern höher im Kurs als gefühlsmäßige Zuwendung, die ihnen etwa beim gemeinsamen Spielen entgegengebracht wird. Für Kinder gibt es heute kaum brauchbare Alternativen zum Konsum. Das wird noch entscheidender, wenn sie älter werden. Dann haben kreative und soziale Beschäftigung kein Prestige mehr. Sie können mit den kommerziell orientierten Freizeitbeschäftigungen überhaupt nicht mehr konkurrieren.

Allerdings gibt es natürlich auch Familien – meist mit allein erziehenden Müttern – in denen das vorhandene Geld einen sofortigen Konsum nicht zulässt. Wenn Kinder versuchen damit umzugehen, reagieren sie übrigens rollenkonform: Jungen unterdrücken ihre Gefühle und geben sich ganz cool. Mädchen hoffen und schieben ihre Wünsche auf. Auf alle Fälle machen die Kleinen es mit sich selbst aus, wenn sie arm sind, und bemühen sich, es andere möglichst nicht merken zu lassen – aus Furcht, von ihnen abgestempelt zu werden. Logischerweise überfordert sie das meist. Hier kann im Kindergarten einiges abgefedert werden.

Die Geschichte von König Midas

König Midas hatte eines Tages Besuch von einem Freund des Weingottes Bacchus, den er auf das Feinste bewirtete. Zum Dank wollte Bacchus ihm einen Wunsch erfüllen. Midas dachte nach und sagte: „Gib, dass alles, was ich berühre, sich in Gold verwandelt." So geschah es. Ein abgebrochener Zweig, ein Stein, ein Apfel, sogar Wasser wurden zu Gold. Als Midas jedoch – ganz beglückt über seine neue Gabe – ein üppiges Festmahl genießen wollte, hatte er statt Brot, Fleisch und Wein nur Gold im Mund. Nichts konnte seinen Hunger stillen, nichts seinen Durst löschen. „Erbarme dich und nimm dieses Elend von mir", flehte er Bacchus an, der ihm auch diese Bitte sofort erfüllte. Sonst wäre König Midas in all seinem Gold verhungert.

Lassen Sie die Kinder erzählen, was alles zu Gold würde, wenn sie an König Midas' Stelle wären. Was hat man von Geld und Gold? Brauchen wir es wirklich? Wie kann man beispielsweise mit wenig Geld durchs Leben kommen? Welche Dinge kann man sich für Geld nicht kaufen?

Der Verzicht-Tag

Konsumfallen lauern überall. Und die meisten ihrer Schützlinge werden zu Hause ein Kinderzimmer haben, das vor Plastik-Spielzeug nur so überquillt. Deswegen ist es prima, wenn Sie sich ab und an gemeinsam für einen Tag entschließen, auf irgendetwas zu verzichten, womit die Kinder besonders gern spielen. Sinnvoll ist es auch, mal auf alles Spielzeug zu verzichten und mit anderen „Bordmitteln" zu spielen. Sie können aber auch mal auf Dinge mit bestimmten Farben oder aus bestimmten Materialien verzichten.

Fernsehen ersetzt die Beschäftigung mit den Kindern

In sehr vielen Familien ist das Fernsehen als Babysitter in Aktion. Das ist zwar verständlich, für die Kinder aber wenig förderlich. Kinder, deren Elternhaus wenig soziale Anreize bietet, sind anfälliger für das, was dort gezeigt wird. Und egal, was sie anschauen und ob die Eltern dabei sind, hinterher sind sie unruhig und müssen sich abreagieren. Sie stellen sicher auch häufig am Montag – nach einem fernsehreichen Wochenende – fest, dass Ihre Kinder „hippeliger" sind als sonst. Knapp drei Stunden täglich hängen die Kleinen vor der „Glotze" und beziehen aus vielem, was sie dort sehen und nicht verstehen, ihre Weltsicht. PC und Spielkonsole üben eine ähnliche Anziehungskraft aus. Der Suchtfaktor ist bei den Spielen noch höher als bei Fernsehen und PC.

Kleine Kinder sind jedoch noch gar nicht in der Lage, das Gesehene wirklich zu verarbeiten. Das Fernsehen hat eine erwachsene Darstellungstechnik, mit der kleine Kinder noch überfordert sind. Vor allem lässt es den Kindern keine Zeit, Bilder und Ereignisse in Ruhe wirken zu lassen und mit einem Erwachsenen zu besprechen. Ihr größtes Problem ist, dass sie das Gesehene und die Realität nicht unterscheiden können. Sie halten das, was sie da sehen, für die Wirklichkeit. Die Eltern sollten die Sendungen für ihre Kinder mit größter Sorgfalt aussuchen. Im Prinzip sollte immer ein Erwachsener dabei sein, wenn Kinder unter zehn Jahren fernsehen. Kinder bis zum Ende des dritten Lebensjahrs sollten überhaupt nicht vor dem TV-Apparat sitzen, weil es ihren Augen nicht gut tut. Kinder im Alter von vier bis fünf sollten mit 20 Minuten täglich auskommen. Bis zum neunten Lebensjahr sollte es nicht mehr als eine halbe Stunde sein.

Manch eine Erzieherin möchte Fernsehen und Co am liebsten „in die Wüste" schicken. Medienfreie Kindergärten gehören jedoch der Vergangenheit an, denn natürlich können auch sie sich den neuen Entwicklungen nicht verschließen. Darin liegt aber auch Ihre Chance, Einfluss zu nehmen.

Fernsehmontag

Wünschenswert wäre es, wenn Sie sich einigermaßen bei den Lieblingssendungen Ihrer Kinder auskennen würden. Denn sonst können Sie sich ja auch nicht mit ihnen darüber austauschen und womöglich anstehende Fragen und Probleme mit ihnen zu lösen versuchen. So könnten Sie sich jeweils am Montag gemeinsam einen Film oder eine Kindersendung anschauen, die die Kinder bereits am Wochenende gesehen haben, und mit ihnen gemeinsam noch einmal durchsprechen. Was war zu sehen? Was halten die Kinder davon? Wo liegen die Unterschiede zur wirklichen Welt? Was hat ihnen an der Sendung gefallen? Was hat ihnen Angst oder Freude gemacht? Welche Figuren fanden sie gut? Wie reagierten die Hauptpersonen in Schwierigkeiten? Hatten sie auch Angst? Wie würden die Kinder reagieren, wenn sie

in dem Film/in der Sendung mitgespielt hätten? Würden sie etwas anders machen? Können sie die Geschichte weiterspinnen?

Fernsehen spielen

Lassen Sie die Kinder ruhig nachspielen, was sie im Fernsehen gesehen haben. Sie versuchen das dann aufzuarbeiten. Verbieten Sie und kritisieren Sie das nicht, bleiben Sie aber als Publikum dabei, wenn ihnen etwas vorgespielt wird. Am besten stellen Sie Fragen nach Zusammenhängen, lassen sich erklären, wie die Kinder was verstanden haben, und versuchen dann, Dinge geradezurücken. Die Kinder können sich dazu auch aus Pappe einen eigenen Bildschirm bauen oder einen Bilderrahmen verwenden. Sie können sich aber auch neue Fernsehspiele ausdenken. Wenn Sie eine Videokamera besitzen, können Sie die Kinder bei ihren Fernsehspielen auch aufnehmen. So lernen die Kinder zu begreifen, wie die künstliche Welt der bewegten Bilder entsteht.

Kontrastprogramm: die Tobe-Stunde danach

Fernsehen erzeugt bei Kindern Energie und Aggressionen, die wieder abgebaut werden müssen. Deshalb machen Sie nach jeder Fernsehspielstunde und vor allem am Montagmorgen eine ausgiebige Tobe-Stunde – am besten in der dafür vorgesehenen Matratzenecke. Hier können sich die Kinder nach Herzenslust Kissenschlachten liefern, sich zu Musik bewegen und sich ordentlich austoben. Sie können natürlich auch kleine Gymnastikübungen anbieten und anschließend Entspannungsübungen machen. Unübertroffen ist natürlich eine Toberunde an der frischen Luft, ein ausführlicher Spaziergang oder ein Besuch im Schwimmbad.

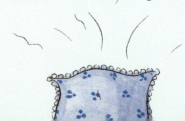

Verloren im Netz und ohne doppelten Boden

Schon kleine Kinder bewegen sich heute auf digitalen Pfaden. Schauen wir wieder einmal in die USA: Vor etwa drei Jahren waren 17 Millionen Kinder im Netz, für 2002 rechneten Experten mehr als eine Verdoppelung hoch: Knapp 40 Millionen sollen es nun sein. Wir wissen, dass so ein Trend auch bei uns nicht lange auf sich warten lässt. Natürlich üben die neuen Technologien weit reichende Einflüsse auf Kinder aus. Auf der positiven Seite stehen neue Möglichkeiten des Lernens und Spielens. Das betrifft am ehesten wohl Schulkinder. Es wird aber von Experten auch zunehmend gefordert, die Spielmöglichkeiten der neuen Medien bereits im Kindergarten zu nutzen, um die Kinder nicht von vornherein zu Außenseitern zu stempeln.

Auf der anderen Seite stehen negative Entwicklungen, denen begegnet werden muss:

- Kinder im Netz bewegen sich in einer Welt, die eigentlich von Erwachsenen für Erwachsene gemacht wurde. Negativ ist vor allem der überbordende kommerzielle Einfluss auf die Kinder. Nicht nur Spiel- und Unterhaltungsadressen sind kommerziell, auch viele Bildungsangebote für Kinder. Manche Anbieter sind besonders aufdringlich, um der jungen Konsumenten als Markenkäufer habhaft zu werden.
- Kinder, die zu viel Zeit alleine und unbeaufsichtigt vor dem Bildschirm verbringen, vereinsamen zunehmend und verlernen soziale Fähigkeiten beziehungsweise lernen sie gar nicht erst. Das kann sich in störendem und unsozialem Verhalten äußern. Immer öfter wird beklagt, dass Kindern die Fähigkeit fehlt, gemeinsam zu spielen. Das werden Sie sicher auch schon festgestellt haben. Auch Mitgefühl und das Respektieren der Bedürfnisse anderer bleiben dabei auf der Strecke. Und natürlich hat das Hocken vor dem Computer, dem Fernseher, dem Gameboy oder dem Video auch körperliche Auswirkungen.
- Fazit wie beim Fernsehen: Die Ihnen anvertrauten Kinder sollten möglichst wenig und nie allein an Computer oder Spielkonsole gehen. Auf alle Fälle brauchen sie einen körperlichen Ausgleich.

Die Auswirkungen der virtuellen Spiele

Egal ob an Computer, Gameboy oder Spielkonsole: Die Spiele können rasche Erfolgserlebnisse und positive Stressgefühle vermitteln. Bestimmte Computerspiele fördern logisches Denken und schärfen die Fähigkeit zu einer systematischen Problemlösung. Zusammenhänge können besser verstanden und Lernprozesse angestoßen werden. Sie können aber auch das Gegenteil bewirken. Stresssymptome durch zu viele Computerspiele sind Kopf- und Rückenschmerzen, Augenflimmern, Schweißausbrüche, allgemeine Unruhe. Außerdem können sie zu einem gefühlsmäßigen, sozialen und kreativen Manko führen. Das gilt ganz besonders für das Mitgefühl.

Es gibt heute eine Menge Computerspiele, die Spielen und Lernen in sinnvoller Weise verbinden. Scheuen Sie sich nicht davor, sich auch damit auseinander zu setzen. Wenn Sie sich davor fürchten, an verbotene Spiele zu geraten: Sie können sich informieren. Die Bundesprüfstelle für jugendgefährdende Schriften in Bonn (Tel. 0228/37 66 31; Internet: bpjs.bmfsfj.de) hat Hunderte von Computerspielen auf den Index gesetzt.

Verzauberte Steine

Es wird ein Zauberer ausgewählt, der mit einem Zauberstab – einer bunt beklebten Papprohre – die anderen Kinder zu Steinen verzaubert. Die verzauberten Steinkinder bleiben mucksmäuschenstill stehen. Nun kommen kleine Kobolde ins Spiel – eine Handvoll anderer Kinder, die versuchen müssen, die verzauberten Steine zum Lachen zu bringen, ohne sie dabei zu berühren. Wer lacht, scheidet aus und wird Kobold. Mit dem Wort „Abrakadabra" erlöst der Zauberer die Steine wieder und die Kinder dürfen herumlaufen, bis der Zauberer sie wieder versteinert. Am Ende gibt es einen Rollentausch.

Es ist nicht genug für alle da

Sie brauchen einige Dinge, von denen Sie wissen, dass die Kinder sie gerne haben: Kekse, einen Apfel, Luftballons, Seifenblasenflüssigkeit und dergleichen. Es soll aber wirklich nicht viel sein. Nun erzählen Sie den Kindern, dass Sie ihnen etwas schenken wollen, dass es da jedoch ein kleines Problem gibt. Dann zeigen Sie den Kindern die Geschenke und lassen sie raten, wo denn das Problem liegt. Richtig: Es ist nicht genug für alle da. Nun sollen die Kinder Vorschläge für mögliche Lösungen machen. Die werden dann gemeinsam hin und her überlegt. Von Ihnen selbst sollte auf keinen Fall ein Vorschlag kommen. Sie weisen die Kinder dafür auf die möglichen Konsequenzen ihrer Vorschläge ein – zum Beispiel einen Keks zu zerschneiden, kann dazu führen, dass am Ende nur Krümel vorhanden sind und kein einziger etwas von dem Keks hatte. Am Ende sollten sie versuchen, eine gemeinsame Lösung umzusetzen. So könnte ein Wettspiel veranstaltet werden, dessen Sieger den Keks bekommt, oder man könnte bis morgen warten und dann passend viele Kekse mitbringen. Nur wenn den Kindern gar nichts einfällt, sollten Sie etwas vorschlagen.

Vom Werben und Wünschen

Kommerzielle Werbung hat selbst die Sehgewohnheiten der Kleinsten verändert. Sie wird von immer jüngeren Kindern konsumiert – es handele sich fast schon um Pränatal-TV, überspitzte es der Leiter der deutschen Sesamstraße kürzlich. Zeichentrickserien wie „Pokémons" erfüllen dabei den Tatbestand der Dauerberieselung mit Werbung. Die Pokémons wurden vom japanischen Computerhersteller Nintendo in Auftrag gegeben, um den Absatz des entsprechenden Gameboy-Programms inklusive Sammelkarten zu pushen.

Heute beschäftigen sich schon die Kleinsten nicht nur mit den richtigen Marken für ihr Outfit, sondern auch für ihr Spielzeug. Obendrein beeinflussen sie die Kaufentscheidungen ihrer Eltern in einem hohen Maß. „Shoppen" steht schon für viele kleinere Kinder hoch auf ihrer Hitliste. Demgegenüber steht die Tatsache, dass viele Kinder und Jugendliche nach einer aktuellen Umfrage des Münchner Instituts für Jugendforschung bereits verschuldet sind. Mit sage und schreibe 3,6 Milliarden Euro stehen Deutschlands 18 Millionen Kinder und Jugendliche in der Kreide. Bereits die Sechs- bis Zwölfjährigen „arbeiten" mit Krediten, um ihre Wünsche zu befriedigen. Bei den Kleinen sind noch die Eltern die Gläubiger, bei den Größeren springen bereitwillig die Banken ein.

Was bewegt Kinder zum Schuldenmachen?

Es ist die Erfahrung, dass Kinder ohnehin nur einen kleinen Teil dessen kaufen können, was ihnen die Werbung als nützlich und notwendig suggeriert. Weil sie von der Angebotsfülle schlichtweg „erschlagen" werden. Wir Erwachsenen sagen leichthin: „Kinder lernen heute nicht mehr zu verzichten!" – und übersehen dabei die Tatsache, dass die Kinder,

je mehr Angebote ihnen vor die Nase gehalten werden, auch auf umso mehr verzichten müssen. Die Werbung macht sie glauben, dass das Fehlen von Geld keinerlei Anlass zum Verzicht ist. Kaufen, so wird schon den Kleinen vermittelt, vertreibt negative Gefühle. Auch, wenn man gar kein Geld hat.

Was gibt es eigentlich für Geld?

Glück hängt nicht vom Geld oder materiellen Dingen ab. Es wird aus psychischen Quellen gespeist: aus dem Gefühl, Schwierigkeiten bewältigen zu können, aus Selbstüberwindung, Anstrengung und Mut zum „Nein" zu haben. Nur so wachsen innere Kräfte und nur so kann sich Selbstvertrauen entwickeln. Je weniger Gelegenheiten Kinder für Spiele, Abenteuer und Entdeckung in freier Natur haben – und damit auch für „Ich-Erlebnisse", desto stärker rückt das Geld in den Vordergrund. Von den ständigen Verlockungen unserer Konsum- und Spaßgesellschaft und von „reichen" Kindern geht ein starker sozialer Druck aus. Er erzeugt bei den Kindern, die nicht mithalten können, Gefühle der Benachteiligung und Zweitklassigkeit.

Gemeinsam einkaufen

Sie können Ihren Schützlingen Einblicke in die Welt geben, die sich um das Geldausgeben, Sparen und Schuldenmachen dreht. Die Kinder sollen dabei lernen, ihre Bedürfnisse und Wünsche zu formulieren und zu begründen. Sie können gemeinsam im Spiel Einkäufe planen und überlegen, was gekauft werden soll. Wie viel darf eine Anschaffung kosten? Worauf wollen Sie beim Kauf gemeinsam achten? Gehen Sie zusammen in Geschäfte und begutachten Sie Waren und beraten Sie, ob sie dieses oder jenes kaufen würden. Ziel ist es, dass die Kinder lernen zu sagen:

Das will ich nicht, das brauch ich nicht, das ist mir für meine derzeitige „Finanzlage" zu teuer. Sie lernen, dass man nicht zwangsläufig etwas kaufen muss und dass man sehr wohl in aller Ruhe darüber nachdenken kann.

Gemeinsam Werbung ansehen

Schauen Sie sich gemeinsam Werbung an und überlegen Sie, was da verkauft werden soll und wie teuer das wohl ist. Was steckt dahinter, dass der Preis nicht genannt wird? Können die in der Werbung abgegebenen Versprechungen wohl eingehalten werden? Aus der Werbung lernen Kinder nämlich nichts über die Preise, die unterschiedlichen Produktqualitäten, über die Nachteile und vor allem nicht, dass man die meisten Produkte wirklich nicht braucht (zum Beispiel die zehnte Barbiepuppe oder die vierte Ritterburg). Sie befähigt Kinder nicht – wie manchmal behauptet wird – zu vernünftigen Kaufentscheidungen. Sie werden aber schon früh massiv von der Werbung beeinflusst. Die meisten können nur Werbesprüche nachplappern.

8 Miteinander leben, Freundschaften gewinnen

Sich in andere hineinversetzen

DAS SOLLTEN SIE WISSEN

Alle Gefahrenfelder, über die wir bislang gemeinsam nachgedacht haben, konzentrieren – wenn sie nicht abgewendet werden – ein Kind mehr und mehr auf sich selbst und weniger auf seine Einbettung in die Gemeinschaft. Erzieherinnen und Pädagogen beobachten eine zunehmende Abstumpfung gegenüber anderen Menschen und vor allem gewalttätigen Menschen gegenüber. Die Brutalität gegenüber anderen Kindern ist heute oft erschreckend. Da Kinder heute immer häufiger schon viele Morde im Fernsehen gesehen haben, bevor sie in die Schule kommen, fehlt ihnen häufig ein realistischer Maßstab zur Beurteilung von anderen Menschen und zum Umgang mit ihnen.

Die Psychologie beschäftigt sich schon seit langem mit der Frage, wann kleine Kinder Mitgefühl und Moral entwickeln. Ab wann sind sie in der Lage, Gut und Böse, Recht und Unrecht voneinander zu unterscheiden? Wann lernen sie es, dass man anderen nicht weh tun darf, dass man manchmal teilen und sich in andere hineinversetzen muss? Neuere Studien wiesen nach, dass bereits Vierjährige Mitgefühl empfinden – allerdings unter anderen Bedingungen als Größere: Sie gehen davon aus, dass sich derjenige gut fühlt, der erfolgreich das tut, was er will. Wer nicht erreicht, was er will, fühlt sich schlecht. Manche Kinder haben schon sehr früh „ein großes Herz", andere lernen das Mitfühlen erst später, andere wiederum nie. Das hängt in erster Linie auch davon ab, was Kinder in ihren Eltern als Vorbild finden. Je stärker die gefühlsmäßige Bindung zwischen ihnen ist, umso eher lernt es von seinen Eltern, genau hinzusehen und zu empfinden.

Vernünftiges Sozialverhalten und Moral stellt sich nicht von allein ein. Deswegen müssen Kinder auch von ihren anderen Bezugspersonen korrigiert werden. Denn vor allem sie sind die Messlatte, an der sich Kinder orientieren – insbesondere wenn sie sie mögen. Deswegen müssen die Regeln und Signale im Kindergarten eindeutig eingehalten werden, damit die Kinder wissen, was in Ordnung ist und was nicht.

Das geschenkte Kätzchen

Katzen sind dafür bekannt, dass sie sich nicht verstellen – weswegen sie in menschlicher Selbstüberschätzung häufig für falsch gehalten werden. Die Kinder bilden Paare. Eines der Kinder „spielt" ein Kind, das ein Kätzchen geschenkt bekommen hat. Das Katzenkind rollt sich ein und lässt sich pflegen. Geht es ihm gut, schnurrt es, fühlt es sich unwohl, faucht es. Es kuschelt, dreht und schmiegt sich in die sanften Hände des Menschenkindes. Dem zeigt es durch seine Bewegung, wie es sich fühlt und was ihm gut tut. Das andere lernt auf kleine Zeichen seines Tierchens und seine Körpersprache zu achten. Was will es ihm damit sagen? Es ist ja für sein Tier verantwortlich und muss versuchen, sich hineinzufühlen.

Das Gute-Taten-Barometer

Sie können mit den Kindern auf einem Stück Packpapier ein Gute-Taten-Barometer aufmalen – etwa „wir haben zusammen gespielt", „wir haben uns nicht gestritten", „ich habe etwas verschenkt, an dem ich gehangen habe". In der Mitte stehen Bewertungen von „ganz nett", „prima Anfang", „nicht schlecht" über „ganz prima", „alle Achtung!" bis hin zu „einfach Spitzenklasse!". Rechts und links können sich die Kinder mit Zeichnungen und Namen verewigen, wenn sie einem anderen Kind Freude bereitet haben. Am besten zeichnen sie, was sie getan haben: getröstet, geholfen, abgeholt, zusammen gespielt ... Dazu können Sie den Kindern die Geschichte von Winnie Puuh, dem Bären, und seinem Freund Ferkel erzählen, die sich immer umeinander kümmern. Auch die Kinder können helfen, schützen und auf jemanden anderes zugehen, ohne dass sie dazu aufgefordert werden müssen, wenn sie „hinfühlen" und hinschauen lernen. Vor allem schwächere kleine Ferkel müssen unter die Fittiche von Größeren genommen werden.

Schaffen Sie eine eigene Währung

Die ersten Menschen auf der Erde brauchten noch kein Geld. Was sie zum Leben benötigten, erzeugten sie selbst, indem sie jagten und sammelten und von Ort zu Ort zogen. Sie halfen sich gegenseitig. Als der Mensch sesshaft wurde, änderte sich das. Nun brauchte er manchmal Dinge, die er nicht hatte. Also begann man zu tauschen: Fünf Hühner für einen Sack Weizen etwa. Da es aber irgendwann unbequem wurde, ständig fünf Hühner bei sich zu tragen, erfand man einheitliche Tauschmittel – etwa Muscheln, Tierfelle, Steine, Salz oder Elefantenzähne. Die seltsamsten Dinge wurden als Tauschmittel verwendet.

Führen Sie gemeinsam mit den Kindern eine eigene Kindergartenwährung ein, etwa Murmeln, und veranstalten Sie einen großen Markttag, wo die Kinder beispielsweise alte, aber gut erhaltene Spielsachen verkaufen können. Bezahlt wird mit Murmeln. Für die wiederum kann man sich dann Gemeinschaftsspiele kaufen. Sie werden sehen, das macht den Kindern einen Heidenspaß und gewinnt eine echte Eigendynamik.

Kinder brauchen Freunde

Eine der wichtigsten Aufgaben des Kindergartens ist es, Kindern dabei zu helfen, soziale Kompetenz zu entwickeln. Mit gleichaltrigen Kindern Freundschaft zu schließen, bietet den Kindern eine Fülle von Glück spendenden Möglichkeiten. Dazu gehört nicht nur, zusammen zu spielen, Geheimnisse zu teilen und den Untiefen des Lebens gemeinsam zu widerstehen. Sie entwickeln dadurch auch die Fähigkeit, sich in andere hineinzuversetzen, ihnen zuzuhören, hin und wieder nachzugeben und ihnen zu helfen, wenn es ihnen nicht gut geht.

Viele Kinder verfügen nicht über soziale Eigenschaften wie „Geduld haben" oder „Zuhören können". Hier kann ihnen der Kindergarten eine beträchtliche Hilfe sein. Schauen wir in eine solche Gruppe, fällt uns auf, dass hier ständig gestritten, verhandelt, geredet, gelacht und gezürnt wird.
Auch wenn es manchmal für Ihre Nerven zu hoch hergeht: Hier wird vor allem auch das soziale Miteinander eingeübt. Und dazu sind Gleichberechtigte unerlässlich, denn Eltern und andere Erwachsenen verfügen ja bei allem immer über mehr Macht, Erfahrung und Wissen. Mit Gleichaltrigen lernen sie überdies eine andere Form der Auseinandersetzung.

Freunde als Spiegel des Selbst

Freunde helfen einem Kind, seine eigene Identität zu finden – auch indem sie sich mit dem anderen vergleichen. Dadurch spornen sich Freunde auch gegenseitig zu besseren Leistungen an. Untersuchungen haben bestätigt, dass Spiele unter Freunden eine höhere Qualität aufweisen als das Spiel unter nur bekannten oder gar fremden Kindern.

Darüber hinaus lernen sie, sich in einem geschützten Rahmen auch auseinander zu setzen. Freunde, die gemeinsam Konflikte bewältigt haben, fühlen sich mehr zusammengeschweißt. Sie können sich am Ende auch freuen, wenn Freund oder Freundin Erfolg haben und bei Misserfolg traurig mit ihnen sein. Kann einer etwas besser, versucht er dem anderen zu helfen. Das andere Kind fühlt sich ermutigt und angespornt.

Logischerweise haben solche Kinderfreundschaften ihre Höhen und Tiefen. Und es kann durchaus sein, dass eines Tages ein Kind bitterlich weinend zu Ihnen kommt, weil ein anderes nicht mehr mit ihm befreundet sein will.
Normalerweise sind solche Unstimmigkeiten schnell beigelegt. Zur Entwicklung gehört ebenfalls, zeitweilig einmal von den anderen ausgeschlossen zu werden, sich fremd zu fühlen oder am Rande eines Geschehens zu stehen und irgendwie nicht richtig dazuzugehören. Spenden Sie Ihren unglücklichen Schützlingen Trost und helfen Sie ihnen, mit ihrem Schmerz besser fertig zu werden – aber mischen Sie sich nicht in den Streit ein. Ganz häufig sind die zwei schneller wieder ein Herz und eine Seele, als Sie gucken können.

Komm, ich halt dich fest
Drei bis vier Kinder bilden einen Kreis, stellen sich auf ein Bein wie ein Storch, breiten ihre „Flügel" aus und fassen sich gegenseitig an den Händen. Nun hüpfen die kleinen Störche und versuchen sich gegenseitig dabei zu helfen, nicht das Gleichgewicht zu verlieren. Geht das vielleicht auch mit geschlossenen Augen?

Zwei Kinder stehen Rücken an Rücken. Zunächst sind die Füße geschlossen, die Arme hängen locker an den Seiten. Sie atmen dabei tief und gleichmäßig. Nun verlagern sie das Gewicht etwas auf das rechte Bein und den rechten Fuß. Dabei sollen sie sich vorstellen, ihr rechter Fuß wüchse in die Erde hinein und wäre ihre Wurzel, die sie festhält. Das gibt Kraft, die aus der Erde kommt. Nun winkeln sie das linke Bein an und stellen den Fuß an die Innenseite des rechten Knies. Das linke Knie zeigt nach außen. Die beiden Hände nehmen sie in Gebetshaltung vor die Brust oder bilden damit ein Dach über dem Kopf. In dieser „Baumhaltung" verweilen sie, so lange sie können. Wenn das eine Kind „schwächelt", kann das andere versuchen, es aufzufangen, was meistens in großem Gekicher endet. Will ein Kind kein Baum mehr sein, lässt es zunächst vorsichtig die Arme sinken und stellt dann das Bein wieder auf die Erde. Dabei passt es auf, dass der andere Baum nicht gefährdet wird.

Zirkuskatzen
Zwei Kinder stehen einander im Vierfüßlerstand gegenüber. Beide legen die rechte Hand auf die Schulter der anderen Zirkuskatze und strecken gleichzeitig die linken Beine weit nach hinten. Die Haltung wird auf der anderen Seite wiederholt. Nun krabbeln die Zirkuskatzen nebeneinander und legen die einander zugewandten Arme auf die Schulter des anderen und strecken das äußere Bein weit nach hinten aus. Dann versuchen sie es mit den inneren Beinen – das wird eine wackelige Angelegenheit. Schließlich krabbeln sie umeinander herum und zeigen das „Kunststück" noch einmal von der anderen Seite.

Ich bin ja soOO allein

In einer Gesellschaft, die nicht immer tolerant ist mit anderen Menschen, in der Einzelkämpfer gefördert und Schwächere ausgegrenzt werden, kommt es auch häufiger vor, dass ein Kind abgelehnt und ausgeschlossen wird. Kinder spüren sehr schnell und sehr früh, was es heißt, unbeliebt zu sein und keine Freunde zu haben. Ohne Zuwendung und ohne Freunde ist man einsam und traurig.

Warum werden manche Kinder von anderen nicht akzeptiert? Warum gibt es Kinder, die es auch Ihnen schwer machen, sie zu mögen oder wenigstens zu akzeptieren? Abgelehnte Kinder – so sagen Studien – haben oft Probleme damit, sich sozial zu verhalten, sie passen sich weniger an und sind häufig aggressiver. Das macht es natürlich schwierig, ihnen mit Wärme, Aufmerksamkeit und unbeschwerter Fröhlichkeit zu begegnen. Solche Kinder wirken schnell unsympathisch. Leider hat sich so ein Zustand als ziemlich stabil erwiesen – so nach dem Motto „einmal unsympathisch, immer unsympathisch". Daneben gibt es noch die „unsichtbaren" Kinder, denen wenig Aufmerksamkeit zuteil wird, weil sie unscheinbar aussehen und sich unauffällig verhalten. Das können stille und schüchterne Kinder sein. Man übersieht sie leicht. Beide Arten von Kindern sind logischerweise zutiefst einsam.

Schüchternheit ist ebenso eine Form von Angst wie aggressives und unsympathisches Verhalten. Schüchterne Kinder würden gerne auf andere zugehen, trauen sich aber nicht. Gelähmt von der Furcht, nicht gemocht zu werden und nichts richtig zu machen, bleiben sie lieber von vornherein allein.

Das führt aber letztlich auch zur Ausgrenzung. Abgelehnte Kinder leiden unter einem immer stärker werdenden Mangel an Selbstwertgefühl.

Da fehlt doch was!

Sie brauchen ein großes Stück Karton. Darauf kleben Sie Figuren aus Zeitungen oder Katalogen und lassen jeweils ein wichtiges Detail weg – einen Schuh, einen Hut, einen Regenschirm. Dann erzählen Sie den Kindern, was hier nun passieren soll: „Diese Gruppe hier will einen Ausflug machen, aber es geht noch nicht. Wisst Ihr, warum?" Die Kinder sollen nun herausfinden, welchem Gruppenmitglied noch etwas fehlt. Wie können sie ihm helfen, dass die Gruppe doch noch zu ihrem Picknick kommt?

Was ich dir schon immer sagen wollte

Sie bilden Zweierpaare, die sich eine Weile intensiv miteinander beschäftigen sollen. Dann wird eine große Runde gebildet. Die Paare stellen den jeweils anderen der Gruppe vor, ein Partner erzählt, wo der andere wohnt, wie er lebt, was er tut und was er gerne mag. Dabei dürfen nur positive Sachen weitergegeben werden. Am Ende reichen die beiden sich die Hand und schenken einander etwas – vielleicht ein selbst gemaltes Bild.

Die Kinder sitzen im Kreis. Eines beginnt und flüstert seinem Nachbarn ein hübsches Kompliment ins Ohr. Der oder die flüstert dieses Kompliment dem Nachbarn weiter. Am Ende kommt sicher etwas ganz anderes heraus, was vielleicht gar kein Kompliment mehr ist. Das hat man davon, wenn man etwas über jemanden anderen weitererzählt, ohne mit ihm selbst gesprochen zu haben.

Die Kinder legen sich auf Matten auf den Boden. Sie sind Babys und versuchen, aus dieser Perspektive die Welt wahrzunehmen. Oder sie bekommen die Aufgabe, sich gezielt in jemanden hineinzuversetzen und den anderen zu erzählen, wie der sich fühlt.

Seenebel

Es herrscht dichter Nebel auf See und man sieht die Hand vor Augen nicht. Immer zwei oder drei Kinder halten sich an den Händen und bilden ein Boot, das auf dem offenen Meer herumirrt. Ihnen sind die Augen verbunden. Die anderen Kinder stellen sich an den Rand des Meeres und zeigen dem kleinen Schiff mit lautem Tuten, wo das Meer zu Ende ist und wie es in den sicheren Hafen kommt.

> **Tipp:**
>
> ### MEIN „JEDEN-TAG-WERD-ICH-STÄRKER"-BUCH
>
>
>
> Die Kinder können in ihr Buch hineinzeichnen, was sie gerne mögen und was ihnen gar nicht gefällt. Gibt es Dinge, die ihnen früher nicht gefielen, die sie heute aber mögen? Wie sehen ihre besten Freunde aus? Gibt es Tiere, die ihnen besonders sympathisch sind? Was mögen sie an anderen Menschen besonders leiden? Was mögen sie an anderen Menschen gar nicht? Lassen Sie die Kinder ihre gesamte Familie aufmalen.

Das Herbst-Kätzchen, das nur „miau" sagen konnte

Das kleine Kätzchen war ein Herbstkind, deswegen wurde es von den anderen nur Herbstelinchen genannt. Es war nicht so stark und kräftig wie seine Geschwister, die Mai-Katzen. Doch das Herbst-Kätzchen war besonders schön gezeichnet und hatte ein ganz weiches Fell.
Es lebte mit Mama, Papa und seinen Mai-Geschwistern zusammen im Tiergarten. Denn sie waren gern gesehene Gäste, weil sie Kunststücke beherrschten, die die Besucher des Tiergartens sehr erfreuten und für die diese etwas zahlten. Das Geld sammelte die Katzenfamilie mit einem Hut ein und gab es an den Tiergarten-Direktor weiter, den es recht reich machte. Dafür bekam Herbstelinchens Familie zu essen und durfte im Tiergarten wohnen.

Der Tiergarten-Besitzer fand es prima, dass es nach den großen Mai-Katzen noch das kleine Herbst-Kätzchen gab. Denn er dachte bei sich: „So ein kleines, schwaches Ding wird die Herzen der Menschen rühren. Das wird mir noch mehr Geld bringen. Soll es nur schön klein bleiben. Dann kann ich es bald für meine Zwecke einsetzen."

Doch noch war das Herbstelinchen ja ein Baby und musste erst alles lernen, was ein Kätzchen wissen sollte, wenn es groß und tapfer werden will. Es nahm sich seine Eltern und die Mai-Katzen als Vorbild. Es lernte, wie man „miau" sagte, wie man Mäuse jagte, auf Ästen balancierte, mit hoch erhobenem Schwanz herumstolzierte und wie man sich in der warmen Sonne räkelte. Und es sah liebend gern zu, wie Mama, Papa und die Mai-Katzen ihre Kunststücke vollführten. Sie sprangen durch kleine Reifen, liefen auf Seilen, tanzten miteinander, fingen mit den Pfoten Fliegen und fochten fauchend Kämpfe aus. Die Zuschauer klatschten begeistert.

Als das Herbstelinchen etwas gewachsen war, beschloss der Tiergarten-Direktor, dass das Kätzchen nun mit seiner Arbeit beginnen solle. Zum ersten Mal ging es mit dem großen Hut herum und sammelte Geld ein. Und weil das Herbstelinchen sich so freute, dass es nun mit den Großen arbeiten durfte, maunzte es „miau" und schnurrte. Der Hut wurde immer schwerer, weil die Leute das Herbstelinchen so niedlich fanden und mehr Geld in den Hut warfen als sonst. Am Ende schleifte er am Boden. Der Direktor ärgerte sich etwas über den schmutzigen Hut, aber das Geld erfreute ihn natürlich sehr. Am nächsen Tag packte er dem armen Kätzchen noch einen zweiten Hut in die Pfoten – obwohl es doch für einen einzigen bereits beide Vorderpfötchen brauchte. Nun ächzte es, den einen Hut schob es vor sich her, den anderen zog es. Am Abend war das Herbstelinchen so erschöpft, dass es zusammenbrach. Nur ein klägliches „miau" brachte es noch heraus. Die Eltern waren verzweifelt, denn sie

brauchten das Geld, um alle Kinder ernähren zu können. Doch die Mai-Katzen, die ihr kleines Geschwisterchen sehr liebten, baten die Eltern, das Herbstelinchen ausruhen zu lassen.

Schon am nächsten Morgen sprang das kleine Kätzchen befreit um die Familie herum. Während ihrer Vorstellung saß es vergnügt auf der Mauer des Löwengeheges. „Hör mal, Herbstelinchen", sagte die alte Löwin, mit der es sich angefreundet hatte, „ich habe dich in den letzten Tagen beobachtet. Du machst etwas falsch, und ich will dir helfen." Da schnurrte Herbstelinchen vor Begeisterung und rief: „Miau!"

„Siehst du, kleine Katze, da haben wir es schon. Es gibt etwas, was Mama und Papa vergessen haben, dir beizubringen – wahrscheinlich, weil sie glauben, du wärst noch zu klein. Du kannst nämlich nicht fauchen." Das Kätzchen probierte: „Chchchchch". Es klang eher wie leises Schnurren.
„Pass auf, ich mach' es dir vor", flüsterte die alte Löwin. „CHUUUUUAAAAAAA!", tönte es plötzlich durch den ganzen Tiergarten, und die Menschen begannen zu zittern. Das Herbstelinchen übte und übte. „Chuuuuuaaaaa!", fauchte es lauthals. Die anderen Tiere lachten und freuten sich, denn sie alle mochten das Herbstelinchen sehr.

„Jetzt musst du nur noch lernen, wann große und kleine Katzen fauchen und wann nicht", ermutigte die Löwin die kleine Freundin. „Das machst du immer dann, wenn du dich bedroht fühlst oder wenn etwas nicht gut ist für dich. Das kannst nur du selbst entscheiden. Das gilt natürlich nicht, wenn Mama oder Papa sagen, dass du deine Spielecke aufräumen sollst. Aber wenn Theo, der Hund, dich immer am Schwanz zieht oder der Direktor verlangt, dass du zwei schwere Hüte schleppen sollst, dann kannst du sie getrost anfauchen und deine kleinen Krallen ausfahren. Lass den anderen etwas Zeit zu begreifen, dass sie mit dir nicht tun und lassen können, was sie wollen – nur weil du kleiner bist. Dann kannst du auch bald wieder mit dem Hut herumgehen." Herbstelinchen war glücklich, so ernst genommen zu werden. Und es fauchte, was das Zeug hielt – dieses Mal allerdings nur zum Vergnügen...

Können die Kinder sich vorstellen, wie die Geschichte weitergeht? Hat das Herbstelinchen wirklich gelernt zu fauchen? Haben seine Eltern auch etwas gelernt? Nimmt der Direktor es jetzt ernster? Können die Kinder auch fauchen? Wann würden sie denn fauchen oder gar kratzen? Lassen Sie die Kinder mehrere Enden für die Geschichte erfinden.

9 Wie Eltern stark werden

Kinder lernen vor allem durch Vorbilder

DAS SOLLTEN SIE WISSEN

Kinder lernen vor allem durch Vorbilder. Und das sind natürlich in erster Linie die Eltern. Um wirklich etwas zu erreichen in Sachen Selbstvertrauen und Selbstwertgefühl, sollten Sie engen Kontakt zu den Eltern halten. Vielleicht können Sie hin und wieder Themenabende abhalten oder die Eltern gezielt in Ihre Projektarbeit integrieren. Viele Eltern sind mit Sicherheit froh, wenn sie selbst Anregungen von Ihnen erhalten, da sich viele heute mit der Erziehung ihrer Kinder überfordert fühlen. Die überwiegenden Probleme, mit denen Kinder auffällig werden, spiegeln vor allem die Schwierigkeiten der Eltern oder der Familie wider.

Eltern sind dazu da, ihren Kindern zu zeigen, was sie dürfen und was nicht, ihnen Grenzen zu setzen und klare Worte zu sprechen, ihren Kindern klar zu machen, dass sie nicht alles haben können und nicht alles tun dürfen. Jeder kleine Mensch muss lernen, dass es einer gewissen eigenen Anstrengung bedarf, um etwas zu erreichen. Kinder, die im Schlaraffenland groß werden, können ebenso wenig Bezug zur Realität entwickeln wie Kinder, denen es an allem fehlt. Sie werden ichbezogen, launenhaft, maßlos und intolerant. Bei alledem können sie – so widersinnig es sich anhören mag – kein Selbstbewusstsein entwickeln. Doch daran hapert es bei vielen. Helfen Sie den Eltern Ihrer Kinder zu verstehen, wie und warum sie ihren Kinder helfen sollen, ausreichend Selbstbewusstsein, Selbstwertgefühl und Selbstvertrauen zu entwickeln. Zeigen Sie ihnen auf, an welchen Nahtstellen dies besonders wichtig ist. Und organisieren Sie gemeinsame Veranstaltungen, immer dann, wenn es den Kindern gelungen ist, etwas Neues zu lernen, etwas Schönes zu bauen und zu basteln. Versuchen Sie unter allen Umständen auch, die Eltern Ihrer Sorgenkinder auf irgendeinem Kanal zu erreichen.

So werden Eltern-stark-mach-Abende erfolgreich

Vorbereitung: Werden Sie sich über Ihre Ziele klar
- Wollen Sie bestimmte Eltern gezielt ansprechen?
- Welche Inhalte wollen Sie vermitteln?
- Welche Methoden sind dafür geeignet? Vortrag, Diskussion, Filmvorführung, Einladung eines Experten.
- Besprechen Sie im Team, wie der Abend ablaufen soll.
- Lassen Sie sich dabei auch ruhig von engagierten Eltern beraten.
- Geben Sie den Kindern eine schriftliche Einladung mit und setzen Sie ein Datum für die Anmeldung.
- Wenn Sie die Zeit haben, haken Sie telefonisch noch einmal nach.
- Laden Sie die Eltern beim Bringen oder Abholen der Kinder persönlich ein.
- Benennen Sie Ihre Veranstaltung mit einer Aussage ähnlich wie einem Werbeversprechen, sonst begreifen manche Eltern vielleicht nicht so schnell, was sie davon haben.

- Sprechen Sie mit allen darüber, wie wichtig dieser Abend/diese Inhalte für die Kinder und die Arbeit im Kindergarten sind.
- Suchen Sie sich ruhig Experten – zum Beispiel Psychologen, Mediziner oder Ernährungswissenschaftler, die Ihr Anliegen mit Erfahrung und Sachverstand unterstützen können.
- Hüten Sie sich davor, bestimmte Kinder oder Gruppen zu diskriminieren – vor allem, wenn es doch diejenigen sind, die Sie eigentlich schützen und unterstützen wollen.

Das könnten Themen für Ihre Abende mit den Eltern sein

- Wir erarbeiten uns gemeinsam eine Kindergartenordnung, die für alle verbindlich ist. Sie sollte eine Art Ehrenkodex für die Kinder werden. Die Erfahrung hat nämlich gezeigt, dass Kinder solche Regeln befolgen, wenn sie selbst an ihrer Entstehung beteiligt waren. Zudem geben sie ihnen Sicherheit und schützen die Schwächeren oder unbeliebteren Kinder.

Das könnte eine Kindergartenordnung beinhalten:
- Bei uns wird keine Gewalt (o.ä.) geduldet – weder mit Worten noch mit Taten.
- Wir spielen keine Spiele, bei denen andere verletzt, blamiert oder herabgesetzt werden.
- Wir helfen anderen Kindern, wenn sie beschimpft oder bedroht werden oder wenn es ihnen nicht gut geht.
- Bei uns schaut keiner weg, wenn jemand anderes Kummer hat – selbst wenn wir ihn nicht so besonders gerne mögen.
- Wer anderen hilft, wird belohnt.
- Wer einen Schaden anrichtet, muss ihn wieder gutmachen.
- Wir entschuldigen uns, wenn wir jemanden beleidigt haben.
- Wenn jemand unsere Regeln stört, sagen wir das ganz laut. Das dürfen wir, das ist kein Petzen.
- Wenn sich ein Kind immer wieder unseren Regeln widersetzt, darf es mindestens einen Tag lang nicht in unseren Kindergarten kommen. Da unser Kindergarten der schönste ist, den es gibt, und wo es uns gut gefällt, ist dieses die schlimmste Strafe, die wir uns vorstellen können.

- Gibt es in unserem Kindergarten/unserer Kindergruppe besondere Probleme, die wir gemeinsam lösen können?
- Gibt es Themen/Feste/Rituale, die wir gemeinsam herausarbeiten wollen und für deren Durchführung wir andere aus der Umgebung (Gemeinde, Kirchen, Polizei, Banken, Geschäfte, Unternehmen) integrieren können?
- Wie schaffen wir Erwachsene es, unsere eigenen Vorurteile, Launen und Stimmungen in den Griff zu bekommen?
- Gibt es in unserem Stadtteil/unserer Gemeinde bestimmte Probleme, die auch in der Kindergruppe Auswirkungen haben? Können/wollen wir uns an Konfliktlösungen beteiligen?
- Wie können wir unseren Kindern mehr Bewegungsfreiraum schaffen?
- Wie viel Ellenbogen braucht ein Kind heute?
- Wie gefährlich ist die in den Medien gezeigte Gewalt für unsere Kinder?
- Wohin mit aufgestauter Wut?
- Wie sinnvoll ist Aggression?
- Wie viel Gewalt findet sich in unserer Sprache?

Wenn Sie die Eltern „Ihrer" Kinder ein wenig besser kennen gelernt haben, werden Sie sicher rasch merken, welche Themen ihnen besonders am Herzen liegen und wo Sie vielleicht eine besondere Problematik aufgreifen können.

Die Autorin

Sylvia Schneider, Ernährungs- und Kommunikationswissenschaftlerin, war viele Jahre leitende Redakteurin des Ressorts Wissenschaft und Medizin bei großen Hamburger Medien.
Darüber hinaus hat sie mehr als 60 Ratgeber-Bände zu den Themen Gesundheit und Aufklärung verfasst, die in viele Sprachen übersetzt wurden. Heute ist sie Chefredakteurin von „Gesundheit für Frauen" und eine der erfolgreichsten Kinder- und Jugend-Sachbuchautorinnen. Bei Christophorus erschien von ihr „Das Schlau-mach-Buch. Wie Kinder fit fürs Leben werden".

Quellennachweis
S. 11: Wehrfritz, Wissenschaftlicher Dienst, September 1987
S. 42: Rache mit Ei, © Roswitha Fröhlich
S. 45: Das Trau-dich-Lied, © Volker Ludwig/Birger Heymann

© 2002 Christophorus-Verlag GmbH
Freiburg im Breisgau

Alle Rechte vorbehalten
Printed in Belgium

3. Auflage

ISBN 3-419-53026-9

Jede gewerbliche Nutzung der Texte, Abbildungen und Illustrationen ist nur mit Genehmigung der Urheber und des Verlages gestattet. Bei Anwendung im Unterricht und in Kursen ist auf dieses Buch hinzuweisen.

Lektorat: Stefanie Jankuhn

Illustrationen: Pia Eisenbarth

Fotos:
Ursula Markus: Seiten 4, 10, 13, 27, 66
Miguel Perez: Seiten 8, 64
Heidi Velten: Seiten 20, 36
Jutta Weser: Seiten 34, 53
Ulrich Niehoff: Seiten 39, 46, 49, 59
Verein deutscher Katzenfreunde, Hamburg: Seite 69

Umschlaggestaltung: Network!, München
Layout & Satz: HellaDesign, Emmendingen
Notensatz: Nikolaus Veeser, Schallstadt
Herstellung: Proost, Turnhout

Hier zeigen wir Ihnen eine Auswahl unserer beliebten
und erfolgreichen Bücher –
und wir haben noch viele andere im Programm.
Wir informieren Sie gerne, fordern Sie einfach
unser Verlagsprogramm an:

3-419-**53030**-7

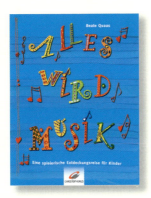

3-419-**53028**-5

**Bücher für ErzieherInnen,
LehrerInnen und Eltern**

Bücher für Eltern und Familie

Bücher für Kinder

Bücher für Ihre Hobbys

3-419-**53044**-7

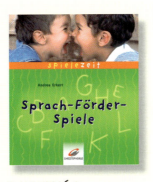

3-419-**53046**-3

Wir sind für Sie da, wenn Sie Fragen
haben. Und wir interessieren uns
für Ihre eigenen Ideen und Anregungen.
Faxen Sie, schreiben Sie oder rufen Sie
uns an. Wir hören gerne von Ihnen.

Ihr Christophorus-Verlag

CHRISTOPHORUS

Hermann-Herder-Straße 4
79104 Freiburg im Breisgau

Telefon: 07 61 / 27 17–26 8
oder
Fax: 07 61 / 27 17–35 2

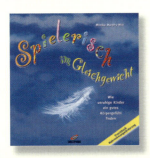

3-419-**52897**-3

3-419-**52896**-5

www.christophorus-verlag.de